Festliche Menüs aus 2000 Jahren

Esskultur und Tafelfreuden vom alten Rom bis heute

Festliche Menüs aus 2000 Jahren

Esskultur und Tafelfreuden vom alten Rom bis heute

Ruth Keenan
Fotos Michaël Roulier

CHRISTIAN VERLAG

Inhalt

Einführung

Die Schwelle vom zweiten zum dritten Jahrtausend bietet eine willkommene Gelegenheit, auf verschiedene Gesichtspunkte der Geschichte, der Tradition und Kultur zurückzublicken. Ein Aspekt, der einen entscheidenden Einfluss auf die historische Entwicklung hatte, ist die Ernährung. Die Betrachtung der Vergangenheit aus einem kulinarischen Blickwinkel ist natürlich eine ganz besonders reizvolle und Genuss verheißende Art, das Alltagsleben, die Sitten und Gebräuche der verschiedenen Epochen und Kulturen zu beleuchten. Essen ist ein elementares Grundbedürfnis, und so waren die Menschen von jeher ständig auf der Suche nach neuen Nahrungsquellen. Völker und Stammesgemeinschaften ließen sich jeweils dort nieder, wo es genug Nahrung zum Leben gab. War das Reservoir erschöpft, brachen sie wieder auf. Einmal sesshaft geworden, verteidigten sie das Land, das sie ernährte, auf Leben und Tod. Die Fortschritte und neuen Errungenschaften in der Landwirtschaft, der Viehzucht und der Verarbeitung, Veredelung und Haltbarmachung von Lebensmitteln bereiteten den Nährboden für die Entwicklung der heutigen Zivilisation. Mehrfach in der Geschichte entschied die Frage der Nahrungsversorgung über Krieg und Frieden, und bedeutende Erfindungen erwuchsen nicht zuletzt aus der Notwendigkeit, die Armeen ausreichend mit Lebensmitteln zu versorgen. Doch Essen ist mehr als bloße Notwendigkeit. Der Mensch entdeckte schon früh die Freude an Genuss und guter Küche. Diejenigen, die es sich leisten konnten, Essen nicht nur als Akt der Sättigung zu erfahren, lernten schnell, den Gaumenkitzel zu schätzen. Die alten Ägypter gaben den Toten in ihren Gräbern alle erdenklichen Esswaren mit, um ihnen einen möglichst angenehmen Weg ins Jenseits zu bereiten. Die Chinesen errichteten eine ganze Philosophie und Lebenshaltung auf der Grundlage der Ernährung. Die Römer gaben Unsummen für einen erstklassigen Koch aus, und die Japaner verliehen der Kochkunst einen ausgeprägten ästhetischen Feinsinn.

Ein untrüglicher Beweis dafür, dass der Mensch die Nahrungsaufnahme nicht nur als lebensnotwendige Verrichtung betrachtete, war sein beständiges Streben, Speisen immer noch feiner und schmackhafter zu bereiten – und zwar in erster Linie durch Gewürze. Lange Zeit war die Kontrolle des Gewürzweges Gegenstand kriegerischer Auseinandersetzungen und Ursache für Eroberungen und Entdeckungen neuer Länder und Kulturen, die das Gesicht der ganzen Welt verändern sollten.

Die Entdeckung Amerikas – ein Zufall bei dem Versuch, einen neuen Gewürzweg zu erschließen – führte auf vielen Gebieten zu revolutionären Umwälzungen, auch in der Ernährung. Mit dem Zeitalter der großen Entdecker begann auch der Transport bestimmter Produkte aus der Neuen Welt nach Europa – oder umgekehrt, vom alten Kontinent auf die andere Seite des Atlantiks. Viele Länder begannen, mehr Lebensmittel als für den eigenen Verbrauch nötig zu produzieren, um sie ins Ausland zu exportieren. Die Renaissance als Wiederentdeckung des klassischen Altertums verlieh der Kochkunst schließlich die für die romanischen Esskulturen charakteristische Vielgestaltigkeit und Raffinesse. An den Tafeln von Königen und Adeligen wechselten die kulinarischen Moden, die in immer kultivierteren Gepflogenheiten, feineren Tischsitten und aufwendigeren Speisen ihren Ausdruck fanden. Einige Jahrhunderte später kamen die ersten Cafés und Restaurants auf, die auch die weniger privilegierten Schichten anzogen und sich schon bald zu beliebten Orten der Zerstreuung, der Unterhaltung und zu einem florierenden Gewerbe entwickelten.

Während meiner Arbeit an diesem Buch habe ich mich oft gefragt, was genau unsere Vorfahren vor tausend oder zweitausend Jahren wohl gegessen haben mögen. Am Beginn des 21. Jahrhunderts fällt die Vorstellung schwer, dass man damals gute Kost genauso schätzte wie heute. Meine Hypothese, die zum Teil auf historischen Überlieferungen, vor allem aber auf meiner Intuition als Vollblut-Gastronomin beruht, ist, dass es schon immer Menschen gab, für die Essen ein Quell der Lebensfreude ersten Ranges war. So muss die Frage vielmehr lauten, wie viele unter ihnen in den Genuss guten Essens kamen. Fraglos all jene, die über die nötigen Mittel verfügten, doch das waren sehr wenige, und ihre Zahl hat sich erst in jüngerer Vergangenheit, hauptsächlich ab dem 19. Jahrhundert, erhöht.

Dieses Buch möchte die Entwicklung der Esskultur als Quelle der Lebensfreude vom Beginn der christlichen Zeitrechnung an über die Jahrhunderte bis in die heutige Zeit beleuchten. Ich habe sie in Form von festlichen Menüs nachgezeichnet, denn diese sind von jeher bedeutende Ereignisse, ob es sich nun um prachtvolle Bankette an königlichen Tafeln handelte, auf denen sich die Zukunft der Welt entschied, oder um private Feiern im Familien- oder Freundeskreis. Jedes Jahrhundert wird durch ein Menü repräsentiert, das die wichtigsten kulinarischen Entwicklungen in einem ausgewählten Kulturkreis resümiert.

Alle Rezepte sind von bestimmten historischen Ereignissen oder Entwicklungen inspiriert, doch sind sie nicht als authentische, historisch verbürgte Wiedergabe der Tafelgewohnheiten der jeweiligen Epoche zu verstehen. Abgestimmt auf Küche und Gaumen der westlichen Welt des beginnenden 21. Jahrhunderts, sollen sie vielmehr die Atmosphäre vermitteln, die in jenen Zeiten herrschte. Ich hoffe, dass dieses Buch allen, die Freude an gutem Essen haben, eine etwas andere Sicht auf zweitausend Jahre Geschichte eröffnet und mit gleichem Appetit in die Zukunft blicken lässt.

Ruth Keenan

1. Jahrhundert

DAS LETZTE MAHL JESU

MENÜ

Fisch in süßsaurer Sauce

Gerollte Lammschulter mit Kräutern und Pinienkernen

Selleriesalat mit gerösteten Haselnüssen

Kompott aus Trockenfrüchten mit Honig

Das 1. Jahrhundert…

Kein Mahl hat den Gang der Geschichte so nachhaltig verändert wie das Abendmahl. Das letzte Mahl Jesu datiert vermutlich auf das Jahr 33, ein oder zwei Tage vor dem Passah-Fest. Am Vorabend des Passah feiern die Juden den Seder, die traditionelle Mahlfeier des Passah, auf der die Haggada, die Erzählung über den Auszug der Kinder Israels aus Ägypten, gelesen wird. Es scheint, als habe Jesus in der Vorahnung seiner letzten Stunden und in der wachsenden Gewissheit, dass er wohl nicht am Seder würde teilnehmen können, mit seinen zwölf Jüngern eine letzte gemeinsame Mahlzeit teilen wollen.

Genau genommen war das Abendmahl also eine Art verfrühter Seder ohne Lektüre der Haggada. Obwohl alle Evangelisten den Ort des Abendmahls exakt als »großen Raum im Obergeschoss« eines Hauses im befestigten Jerusalem beschreiben, bleiben die Namen der Hausherren unerwähnt. Nach syrisch-orthodoxer Tradition wurde die Mahlfeier im Hause der Mutter des Markus, Myriam, abgehalten, über dem sich heute das Kloster Sankt-Markus befindet.

Die Kochkunst in den heiligen Schriften

Das Neue Testament liefert eine detaillierte Beschreibung der damals im Heiligen Land verbreiteten Lebensmittel. An mehreren Stellen werden Brot, Fisch und Wein erwähnt, die mit Gemüse und Hülsenfrüchten vermutlich zur Alltagskost des gemeinen Volkes gehörten. Die einfachen Leute aßen nur selten Rind- oder Hammelfleisch – meist an Feiertagen, zu deren Anlass man dem Tempel Tieropfer darbrachte. Zum Passah wurde traditionell ein Hammel oder Lamm geopfert und zum Seder gegessen.

Die Mischna, die aus den Jahren 200 bis 220 der christlichen Zeitrechnung stammt und zum Teil auf bereits früher entstandenen Texten beruht, ist eine ergiebige Fundgrube der kulinarischen Bräuche jener Zeit. Ganze Kapitel widmen sich den Speisetraditionen der jüdischen Religion und bieten Einblick in das Lebensmittel-Sortiment der täglichen Ernährung. Der Zweck der Mischna – eine Sammlung der rabbinischen Auslegungen der Thora – war, den mündlich von Generation zu Generation überlieferten Traditionsstoff in schriftlicher Form zu fixieren und fortzuschreiben. Wie auch andere Schriften verdeutlicht die Textsammlung, dass die Region zu Zeiten Jesu über eine Fülle verschiedener Obst- und Gemüsesorten verfügte. Jüdische Siedlungen gab es hauptsächlich in Judäa, Jerusalem, in Galiläa und rund um den See Genezareth. Die meisten Juden, insbesondere in Galiläa, waren Bauern, Fischer oder Handwerker. In Jerusalem gab es auch Händler, Angestellte sowie zivile und religiöse Amtsträger.

In den zahlreichen Flüssen Galiläas gab es Fisch im Überfluss; für die tägliche Ernährung spielte er wahrscheinlich eine tragende Rolle. Auch in Jerusalem wurde Fisch gegessen, der vermutlich aus dem antiken Tyros an der Südküste des Libanon stammte.

Luxusartikel Fleisch und vegetarischer Reichtum

Der Verzehr von Rind- und Hammelfleisch war den Reichen vorbehalten oder auf besondere Anlässe beschränkt. In einigen Gegenden wurde Jagd auf Wildgeflügel sowie Gänse- und Entenzucht betrieben. Das Neue Testament erwähnt auch den Verzehr von Tauben, die im Hof des Tempels verkauft wurden.

Die Grundlage der Ernährung des Volkes bildete Brot, das aus Weizenmehl und anderen Getreidesorten oder einer Mischung aus Getreide und Hülsenfrüchten hergestellt wurde. Zu den gängigsten Gemüsesorten zählten die besonders zu Ostern beliebten »bitteren Kräuter«, darunter Blattsalate, Sellerie, Endivie, Fenchel, aber auch Sorten wie Spargel, Artischocken und Radieschen, die erstmals in Schriften aus dem 1. Jahrhundert erwähnt werden.

Das reiche Angebot regionaler Früchte, von denen einige in der ganzen Welt berühmt waren, lieferte den Rohstoff für vielerlei Süßigkeiten und Desserts. Honig gab es praktisch im Überfluss. Er stammte hauptsächlich von Feigen, Datteln und Johannisbrot. Zu den wichtigsten Getränken zählten Wein, mit Wasser verdünnter Essig, Fruchtsäfte, ein auf Honigbasis hergestellter Likör und Bier.

Gewöhnlich aß man zwei Mahlzeiten am Tag: ein Frühstück kurz vor Mittag und ein Abendessen.

In den großen Städten wie Jerusalem herrschten andere, von der hellenischen Kultur beeinflusste Essgewohnheiten als in den Dörfern. Große Festmahle demonstrierten dort den sozialen Status und den Reichtum des Gastgebers, der einen eigens für bedeutende Anlässe zuständigen Koch beschäftigte. Lieder und Tänze begleiteten diese pompösen Abendgesellschaften, auf denen die Erlesenheit der Speisen eine herausragende Rolle spielte. In der Mischna wird ein berühmter Brauch erwähnt, der darin bestand, eine Stola im Eingang des Gastgeberhauses aufzuhängen, damit die Gäste den Ort des Festes fanden. Nach den ersten drei Vorspeisen wurde das Tuch wieder abgehängt, um den Nachzüglern zu signalisieren, dass sie nun nicht mehr willkommen sind.

Die Festtafeln bestanden aus den unterschiedlichsten Speisen: eingelegtes Gemüse, Eier, Oliven, Fleisch – gebraten, gegrillt, poëliert, mariniert und geräuchert; gesalzener, marinierter oder geräucherter Fisch, Früchte sowie Wein und andere Getränke.

Die Vorspeisen servierte man zusammen mit Getränken in der Eingangshalle. Das eigentliche Mahl aber wurde in einem hohen Saal eingenommen, in dem die Gäste auf Sofas an Einzeltischen saßen. Vielleicht handelte es sich dabei um den »großen Raum im Obergeschoss (…), der schon für das Festmahl hergerichtet und mit Polstern ausgestattet ist« (Markus, 14, 15).

LINKE SEITE: *›Das letzte Abendmahl‹, van Leyden. »Während des Mahls nahm er das Brot und sprach den Lobpreis; dann brach er das Brot, reichte es ihnen und sagte: ›Nehmt, das ist mein Leib.‹ « (Markus, 14, 22)*

UNTEN: *›Das Abendmahl‹, Ausschnitt, Ferrer. Ebenso nahm er nach dem Mahl den Kelch des neuen Bundes, sein Blut.*

FISCH IN SÜSSSAURER SAUCE

Zu jedem Festmahl gehörte Fisch. Der im See Genezareth am meisten verbreitete Fisch war der Sankt-Petrus, der sich von unserem heutigen Sankt-Peters-Fisch aus dem Meer ganz und gar unterschied. Als Ersatz züchtet man heute Forellen im Jordan. Sie sind eine ausgezeichnete Alternative zum Sankt-Petrus, doch auch jeder andere Süßwasserfisch ist für dieses Rezept geeignet.

Die Sauce geht auf ein Rezept des Apicius zurück, das sich vermutlich im 1. Jahrhundert bei den Römern großer Beliebtheit erfreute.

FÜR 12 PERSONEN

1,8 kg Filet eines Süßwasserfisches

3 EL Mehl

Salz, Pfeffer

Olivenöl zum Braten

FÜR DIE SAUCE

3 Pfefferkörner

1/2 TL Kreuzkümmel

1/2 TL Koriandersamen

1/2 TL gemahlener Ingwer

1/2 TL getrockneter Oregano

100 g Datteln, entsteint

2 EL Honig

60 ml Rotweinessig

500 ml trockener Rotwein

2 EL Olivenöl

FÜR DIE DEKORATION

Einige Stängel frisches Koriandergrün oder frischer Oregano

♦ Die Fischfilets abspülen und trockentupfen. Große Filets in Stücke von etwa 150 g schneiden.
♦ Das Mehl salzen und pfeffern und die Filetstücke von allen Seiten sorgfältig darin wenden.
♦ Das Olivenöl erhitzen und die mehlierten Fischstücke darin von beiden Seiten je etwa 2 Minuten goldgelb braten. Die Filets aus dem Öl nehmen und im Ofen warm stellen.
♦ Für die Sauce in einer Pfanne die Pfefferkörner, den Kreuzkümmel und den Koriander ohne Fett rösten, bis sie einen aromatischen Duft verströmen. Von der Kochstelle nehmen und auskühlen lassen. Die Gewürze im Elektromixer zermahlen; Den Ingwer, Oregano und die Datteln zufügen und alles zu einer glatten Paste verarbeiten.
♦ Die Paste in eine kleine Kasserolle füllen, die restlichen Zutaten beimengen und alles auf niedriger Stufe unter ständigem Rühren etwa 10 Minuten köcheln lassen.
♦ Die fertige Sauce über den warmen Fisch schöpfen und sofort servieren. Nach Belieben mit frischem Koriandergrün oder Oregano garnieren.

GEROLLTE LAMMSCHULTER MIT KRÄUTERN UND PINIENKERNEN

♦ Die Lammschulter(n) plattieren, sodass 1 beziehungsweise 2 große Rechtecke entstehen.
♦ In einer Pfanne die Pinienkerne ohne Fett leicht goldgelb rösten. Auf Küchenkrepp schütten und abkühlen lassen.
♦ Die Schalotten oder Zwiebeln schälen und fein hacken. In einer Pfanne 2 Esslöffel Olivenöl erhitzen und die Schalotten oder Zwiebeln darin glasig schwitzen. Das Hackfleisch zugeben und anbraten. Dabei das Fleisch mit einer Gabel zerkleinern und beständig wenden, bis es durch und durch braun ist. Anschließend in eine Schüssel umfüllen.
♦ Die gerösteten Pinienkerne, die Kräuter, den Knoblauch, die Semmelbrösel und die Eier unter das Hackfleisch mengen. Die Masse mit Salz, Pfeffer und etwas Kurkuma würzen und sorgfältig vermengen.
♦ Die Hackmasse gleichmäßig auf dem Lammfleisch verteilen. Den Braten der Länge nach zusammenrollen und sorgfältig mit Küchengarn verschnüren.
♦ In einem Bräter das restliche Olivenöl erhitzen und den/die Rollbraten von allen Seiten braun anbraten. Mit dem Wein ablöschen und die Hitze auf niedrige Stufe herunterschalten. Den Bräter mit einem Deckel verschließen und das Fleisch etwa 45 Minuten schmoren lassen. Von Zeit zu Zeit kontrollieren, ob noch ausreichend Flüssigkeit im Topf ist. Nötigenfalls etwas kochendes Wasser zugießen.
♦ Nach 45 Minuten 1 Glas Wasser und den Zitronensaft hinzufügen und das Fleisch im geschlossenen Bräter bei sehr geringer Hitze weitere 30 Minuten schmoren, bis es gar ist. Die Sauce abschmecken und servieren.

FÜR 12 PERSONEN

1–2 Lammschultern (insgesamt etwa 3 kg), ausgelöst

100 g Pinienkerne

2 Schalotten oder 2 kleine Zwiebeln

60 ml Olivenöl

100 g Hackfleisch

2 EL gehackte Petersilie

2 EL frisches gehacktes Koriandergrün

3 Knoblauchzehen, durchgepresst

2 EL Semmelbrösel

2 Eier

Salz, Pfeffer

1 Prise Kurkuma

250 ml trockener Weißwein

Saft von 1 Zitrone

›Die Hochzeit zu Kana‹. Während des Mahls verwandelte Jesus Wasser in Wein.

RECHTE SEITE:
›Das Abendmahl‹, Tintoretto, 1566. Das Mahl, das das erste Jahrtausend einläuten sollte.

SELLERIESALAT MIT GERÖSTETEN HASELNÜSSEN

Die essbare Knolle des Selleries gehörte zur Alltagskost sowohl der Stadt- als auch der Landbevölkerung. Hier tritt sie in Form eines erfrischenden Salates auf.

FÜR 12 PERSONEN

1 Sellerieknolle oder 5 Stangen Bleichsellerie

1 Römischer Salat

1 Kopfsalat

50 g Haselnusskerne

FÜR DIE SAUCE

30 ml Apfelessig

80 ml Olivenöl

1 EL Honig

Salz, Pfeffer

$^1/_2$ TL Senfkörner

♦ Die Sellerieknolle waschen, putzen und grob raffeln. Wird Bleichsellerie verwendet, die Selleriestangen in dünne Scheiben schneiden.

♦ Die Blattsalate gründlich waschen. Den Kopfsalat in mundgerechte Stücke zerteilen; den Römischen Salat in Streifen schneiden.

♦ In einer Pfanne die Haselnusskerne ohne Fett rösten, bis sie eine leicht goldene Farbe angenommen haben. Von der Kochstelle nehmen und abkühlen lassen.

♦ Die Salate und den Sellerie in einer großen Schüssel vermengen. Die gerösteten Haselnüsse darüber streuen.

♦ In einer weiteren Schüssel sämtliche Saucenzutaten gründlich miteinander verrühren und über den Salat gießen.

KOMPOTT AUS TROCKENFRÜCHTEN MIT HONIG

Trockenfrüchte gehörten in jener Epoche in jede Vorratskammer. Man trocknete sie, um sie haltbar zu machen. In gewürztem Wasser gekocht, wurden sie wieder saftig und gewannen ihr Aroma zurück.

FÜR 12 PERSONEN

200 g getrocknete Feigen

200 g getrocknete Äpfel

200 g Rosinen

200 g getrocknete Aprikosen

2 Zimtstangen

5 Gewürznelken

Frischer Ingwer (etwa 2 cm), geschält

100 ml Honig

♦ Die Trockenfrüchte kurz abspülen und in eine große Kasserolle füllen.

♦ Die Gewürze auf ein Stück Küchentuch legen und zu einem Gewürzsäckchen verschnüren.

♦ Den Honig und das Gewürzsäckchen zu den Trockenfrüchten in die Kasserolle geben und alles mit Wasser bedecken (etwa $1^1/_2$ Liter). Zum Kochen bringen und auf niedrige Stufe herunterstellen.

♦ Die Kasserolle mit einem Deckel verschließen und die Früchte etwa 10–12 Minuten köcheln lassen, bis sie weich sind.

♦ Das Gewürzsäckchen herausnehmen und wegwerfen; das Kompott in eine große Servierschüssel füllen und vor dem Servieren vollständig auskühlen lassen.

2. Jahrhundert

EIN RÖMISCHES FESTMAHL

MENÜ

Austern in Weißweinsauce

Artischocken mit Eiern, Pinienkernen
und Sardellensauce

Huhn mit Lauch nach Art des Apicius
Pikante Flageolet-Bohnen

Safrancreme mit schwarzem Pfeffer
Datteln in Wein und Honig

Das 2. Jahrhundert...

Der Erlass des Kaisers Didius Julianus, der den Bürgern Roms im Jahre 193 n. Chr. Gaumenschmaus und Völlerei verbot, erntete den hämischen Spott der vermögenden Klassen. Anders als die breite Masse des niederen Volkes führten die Reichen ein Leben voller Ausschweifungen, und kein Römer beachtete die kaiserlichen Verordnungen.

Der Reiz des Exotischen

Die Küche des Römischen Reiches war im 2. Jahrhundert n. Chr. für ihre reiche Verwendung von Produkten aus der ganzen Welt bekannt. Aus allen eroberten Ländern brachten die Invasoren neue Zutaten, Gewürze und Zubereitungsarten mit nach Rom. In jedem Haus des begüterten Roms stand ein erfahrener Koch am Herd, der ein beachtliches Gehalt erhielt und ein hohes Sozialprestige genoss. Marcus Antonius soll einmal in derart ekstatische Begeisterung über das für ihn und Kleopatra kreierte Mahl geraten sein, dass er dem Koch zur Belohnung ein Haus schenkte. Aus allen Winkeln des Imperiums kamen die Produkte nach Rom: Gewürze aus dem Orient, Mehl aus Ägypten, Olivenöl aus Spanien, getrocknete Früchte aus Nordafrika, Wein und Würste aus Gallien, Austern aus England..., aber auch neue Gartechniken und Konservierungsmethoden wurden importiert. Während sich die Armen mit der traditionellen Kost aus Brot, das der Staat ab dem 1. Jahrhundert v. Chr. gratis an seine Bürger verteilte, Getreidebreien, Öl und Gemüse begnügen mussten, kultivierten die Mächtigen den Ehrgeiz, ihre Freunde mit den ausgefallensten und manchmal auch absurdesten Speisen zu verblüffen. Dabei spielte der Wohlgeschmack weniger eine Rolle als die Fähigkeit des Kochs, die Gäste in Staunen zu versetzen.

›Römer der Verfallszeit‹, Couture. Orgiastische Bankette oder das Leben der Patrizier im Römischen Reich.

Die Kunst der Gastlichkeit

Die ideale Anzahl der Gäste eines Festessens: nicht weniger als drei (wie die drei Grazien) und nicht mehr als neun (wie die Musen). Die reichen Häuser waren alle mit einem Salon ausgestattet; manche verfügten über einen direkt angrenzenden Speisesaal. Die Küche im hinteren Teil des Hauses enthielt mehrere Kochstellen und Öfen. Auch im Atrium des Hauses wurde gekocht. Die engen, hohen Häuser der Armen hatten hingegen keine Küchen. Dort wurde im Hof gekocht und zumeist im Freien gegessen.

Die Empfangssalons der Wohlhabenden verfügten über drei U-förmig angeordnete Lager, auf denen jeweils bis zu drei Gäste Platz hatten. Jedem Gast wurde ein eigener Sklave zugeteilt, der ihm die Schuhe auszog, Hände und Füße wusch und ihn während der gesamten Mahlzeit bediente. Auch in den Küchen arbeiteten zahlreiche Sklaven, von denen jeder für einen bestimmten Fachbereich zuständig war. Die Diener, die die Speisen auftrugen, wurden nach ihrer äußeren Erscheinung eingeteilt. Die schönsten durften den Wein servieren; die hässlichsten waren für das Feuer zuständig.

Die Reichen aßen drei Mahlzeiten am Tag: das Frühstück gegen acht, das Mittagessen zwischen elf und zwölf Uhr und die Hauptmahlzeit, die am späten Nachmittag begann, sich bis in die Nacht hinziehen konnte und mit einem Ball und einem künstlerischen Programm aus Gedichtvorträgen, Musik, Tanz und akrobatischen Kunststücken beschlossen wurde.

Das klassische Mahl bestand aus einer Vorspeise, dem Hauptgang und einem Dessert. Das Entree *(gustus)* bot immer eine Auswahl an Aperitifs und verschiedenen Hors-d'œuvres, darunter Eierspeisen, Salate, Pasteten, kalte Fleischspeisen, Fisch und Meeresfrüchte. Das Hauptgericht *(cena)* bestand aus mindestens drei Sorten gegrilltem und gebratenem Fleisch sowie Geflügel, Wild und Fisch. Zu den Desserts *(secundae mensae)* zählten verschiedene Käsesorten, frisches und eingemachtes Obst, Gebäck, Konfitüren und sonstiges Naschwerk. Da die Speisen durchweg sehr üppig waren, konnten sich die Gefräßigsten in eigens zu diesem Zweck bereit gestellten Becken erleichtern, um anschließend ihren »Imbiss« mit neuem Appetit fortzusetzen. Man aß mit den Fingern, die Speisen wurden auf den blanken Tisch gelegt, nachdem sie die zahlreichen Kellner in mundgerechte und leicht zu handhabende Stücke zerschnitten hatten. Das zu jeder Mahlzeit gereichte Brot diente auch als Löffel.

Apicius, Pionier des Kochbuchs

Das Kochbuch *De re coquinaria*, das Apicius zugeschrieben wird und als erstes Kochbuch in der Geschichte der Menschheit gilt, ist eine wahre Schatztruhe an Informationen über die Ernährungsgewohnheiten im alten Rom. Apicius war ein allbekannter Feinschmecker aus dem 1. Jahrhundert, der seinem Leben selbst ein Ende setzte, als ihm klar wurde, dass seine finanzielle Lage ihm die heiß geliebten Gaumenfreuden nicht mehr gestattete. Seine Rezepte verdeutlichen, wie sehr sich die Geschmäcker der Römer von den unseren unterschieden. Man verwendete die allerfeinsten Zutaten, meist in Verbindung mit viel Sauce oder Jus. Die Gewürze überdeckten und verfälschten häufig den natürlichen Geschmack der Zutaten. Eine der berühmtesten Saucen war der *liquamen* oder *garum*, eine Sauce auf der Basis von fermentiertem Fisch, der so lange mit Salz und Gewürzen eingeweicht wurde, bis er sich zu einem flüssigen, kräftigen Konzentrat verwandelte. Dieser *liquamen*, den man zum Würzen und Salzen aller Arten von Lebensmitteln verwendete, wurde in speziellen Fabriken hergestellt, von denen sich die berühmteste in der Gegend um Pompeji befand. Die Römer verschlangen praktisch alles. Je kurioser das Schauspiel auf dem Teller, desto größer wurde das Prestige des Kochs, zum Beispiel mit Kreationen wie Kamelferse, Flamingozungen oder Eselsfleisch. Offenbar hatten die Römer auch eine Schwäche für alles Süße. Fleisch, Fisch und Gemüse wurden häufig mit Honig oder diversen süßsauren Saucen zubereitet. Bei vielen Rezepten wurden Fisch und Fleisch vermischt, doch schätzten die Römer beides auch getrennt.

Zwar nennt Apicius in seinem kulinarischen Vermächtnis jeweils die nötigen Zutaten und die Art ihrer Zubereitung, Mengenangaben sucht man jedoch vergeblich. Unser römisches Festmenü ist von dem antiken Rezeptbuch inspiriert, wobei Garmethoden und Zutatenmengen an den zeitgenössischen Gaumen angepasst sind.

AUSTERN IN WEISSWEINSAUCE

Die Austern der Römer stammten aus England. Sie galten als ein absoluter Luxusartikel und erzielten astronomische Preise. Angesichts des weiten Transportweges nach Rom aß man sie zu jener Zeit vermutlich nicht roh.

FÜR 6 PERSONEN

18 Austern

Grobes Salz

2 Schalotten

200 ml trockener Weißwein

1 TL Worcester-Sauce

1/4 TL getrockneter Oregano

1/4 TL getrocknetes Basilikum

Salz, Pfeffer

50 ml saure Sahne

FÜR DIE DEKORATION

Einige Zweige frischer Oregano oder frisches Basilikum

♦ Die Austern vorsichtig aus den Schalen lösen und dabei die Muschelflüssigkeit auffangen. Die unteren, gewölbten Schalenhälften sorgfältig abspülen, trockentupfen und auf eine mit reichlich grobem Salz ausgestreute feuerfeste Platte setzen.

♦ Den Ofen auf sehr niedriger Stufe vorheizen (unter 100 °C). Das Austernwasser in einer Pfanne erhitzen und das Austernfleisch darin 1 Minute pochieren. Mit einer Schaumkelle herausnehmen und jeweils eine Auster in die vorbereiteten Schalen setzen. Im Ofen warm stellen.

♦ Die Schalotten schälen, fein hacken und in eine kleine Kasserolle geben. Den Wein, die Worcester-Sauce, den Oregano und das Basilikum zufügen. Zum Kochen bringen und die Flüssigkeit auf niedriger Stufe auf die Hälfte reduzieren. Salzen und pfeffern.

♦ Die saure Sahne in die reduzierte Flüssigkeit einrühren und nochmals bis knapp unter den Siedepunkt erhitzen. Jede Auster mit ein wenig Sauce überziehen und mit einem Zweig Basilikum oder Oregano garnieren.

VORHERIGE DOPPELSEITE: *›Festessen bei Nero‹, Illustration von U. Checa (1860–1916). Die Tafelfreuden der Römer waren stets ausschweifend.*

RECHTS: *Fresko aus Pompeji. Die reichen Römer aßen Fisch, den sie in ihren eigenen Teichen zogen.*

ARTISCHOCKEN MIT EIERN, PINIENKERNEN UND SARDELLENSAUCE

Artischocken und Eier waren in den vermögenden Schichten zwei äußerst populäre Produkte. Das einfachste Rezept des Apicius verwendet den liquamen, *jene im Einleitungstext erwähnte Fischsauce, die wir hier durch Sardellenpüree ersetzt haben.*

♦ Die stacheligen Blattspitzen der Artischocken abschneiden. Die Artischocken in einer Kasserolle mit Wasser bedecken. Den Weißweinessig zugießen, leicht salzen und zum Kochen bringen. Die Artischocken etwa 20 Minuten köcheln lassen, bis sie weich sind.

♦ Während die Artischocken garen, die Eier in kaltem Wasser aufsetzen, zum Kochen bringen und ab dem Siedepunkt etwa 5 Minuten köcheln lassen, sodass das Eigelb noch einen weichen Kern hat. Anschließend sofort kalt abschrecken.

♦ Die Artischocken ebenfalls kalt abschrecken, der Länge nach halbieren und das »Heu« herausschaben. Die Artischockenhälften auf einer Servierplatte anrichten. Die Pinienkerne in sehr wenig Olivenöl goldgelb rösten. Auf einem mit Küchenkrepp ausgelegten Teller ausbreiten und das Öl abtropfen lassen.

♦ Die Eier schälen, grob hacken und über die Artischocken verteilen. Mit den gerösteten Pinienkernen bestreuen.

♦ Für die Sauce die Sardellen zu einem glatten Püree zermahlen und mit sämtlichen anderen Zutaten sorgfältig vermengen (Sie können auch alle Zutaten in die Küchenmaschine füllen und zu einer homogenen Sauce verarbeiten). Die fertige Sauce großzügig über die Artischocken verteilen und mit den gehackten Oliven garnieren.

FÜR 6 PERSONEN

- 6 Artischocken
- 20 ml Weißweinessig
- Salz
- 3 Eier
- 30 g Pinienkerne
- 2 EL Olivenöl

FÜR DIE SAUCE

- 4 Sardellenfilets (oder 2 TL Sardellenpaste)
- 2 EL Rotweinessig
- 90 ml Olivenöl
- 1 TL Senf
- 1/2 TL Honig
- 2 Knoblauchzehen, durchgepresst
- Salz, Pfeffer

FÜR DIE DEKORATION

- 50 g schwarze Oliven, entsteint und gehackt

Fresko aus Pompeji. Die Römer aßen Geflügel und Eier für ihr Leben gern.

HUHN MIT LAUCH NACH ART DES APICIUS

Die Römer aßen vom Adler bis zu kleinen Singvögeln alle Arten von Geflügel. Das Gefieder verwendeten sie häufig zur Dekoration der Speisen. Huhn übergoss man damals vor dem Servieren oft mit einer süßen, wahrscheinlich aus Trauben- oder Feigensaft zubereiteten Sauce, die man langsam zu einem dicken Sirup einkochen ließ.

FÜR 6 PERSONEN

50 ml Olivenöl

6 Hühnerkeulen

3 Zweige Dill

2 Zweige Salbei

3 Zweige Koriandergrün

2 Lauchstangen, dunkle Blätter entfernt, die Stangen in feine Ringe geschnitten

Salz, Pfeffer

100 ml trockener Rotwein

3 EL Sojasauce (anstelle des »liquamen«)

4 EL Honig

♦ In einer Sauteuse 2 Esslöffel Olivenöl heiß werden lassen und die Hühnerkeulen darin von allen Seiten braun anbraten. Herausnehmen und beiseite stellen.

♦ Die Kräuter zu einem Sträußchen zusammenbinden und mit dem Lauch in die Sauteuse geben. Etwas Olivenöl zugießen, die Hitze auf niedrige Stufe herunterstellen und etwa 3 Minuten anschwitzen. Salzen und pfeffern. Die Hühnerkeulen auf das Lauchbett legen und mit dem Wein übergießen. Die Sauteuse mit einem Deckel verschließen und das Fleisch etwa 30 Minuten sanft köcheln lassen.

♦ Den Ofen auf 200 °C vorheizen. Das Kräutersträußchen herausfischen und wegwerfen. Die Sojasauce mit dem Honig verrühren und die Hühnerkeulen damit bestreichen. Im Ofen weitere 20 Minuten garen, bis das Fleisch eine kräftig dunkelbraune Farbe angenommen hat. Nötigenfalls etwas Wein oder Wasser nachgießen.

♦ Die Hühnerkeulen mit frischen Kräutern garnieren und servieren.

Fresko aus der Blütezeit des römischen Imperiums. Totenmahl: zwei Ehegatten ausgestreckt auf Ruhebetten.

PIKANTE FLAGEOLET-BOHNEN

Hülsenfrüchte waren leicht zu transportieren, das ganze Jahr über verfügbar, ein guter Energielieferant, lange haltbar und daher eines der bedeutendsten Grundnahrungsmittel des Altertums, besonders aber des antiken Roms. Dieses Gericht eignet sich warm als Beilage oder kalt als Salat.

FÜR 6 PERSONEN

500 g Flageolet-Bohnenkerne

3 Schalotten

2–3 Zweige Koriandergrün

1/2 TL Kreuzkümmel

3 EL Rotweinessig

Salz, Pfeffer

1/2 TL Honig

♦ Die Bohnenkerne über Nacht in kaltem Wasser einweichen. Abgießen und in einer Kasserolle mit frischem Wasser bedecken. 1 Schalotte einlegen und die Bohnen in etwa 2 Stunden weich kochen.

♦ Die restlichen Schalotten in feine Streifen schneiden und das Koriandergrün hacken. Zusammen mit dem Kreuzkümmel, dem Essig, Salz, Pfeffer und Honig unter die Bohnen mengen. Nach Belieben die pikant gewürzten Bohnen vor dem Servieren wieder leicht erwärmen.

SAFRANCREME MIT SCHWARZEM PFEFFER

In dem Rezept des Apicius ist von einer Creme aus Milch, Honig und Eiern, bestreut mit einer großzügigen Prise Pfeffer, die Rede. In Maßen verwendet, verleiht der Pfeffer dieser exquisiten und hier mit dem kostbaren Safran aromatisierten Dessertcreme eine angenehm pikante Note.

FÜR 6 PERSONEN

- 1 Prise Safran
- 500 ml Vollmilch oder je 250 ml Milch und süße Sahne
- 60 ml Honig
- 5 Eier
- Frisch gemahlener schwarzer Pfeffer

♦ Den Safran in etwas lauwarmer Milch auflösen und in die restliche Milch gießen. Den Honig untermengen und sorgfältig verrühren.

♦ Die Eier verschlagen und in die Milch einrühren. Die Mischung durch ein feines Spitzsieb in eine 20 × 20 cm große Form oder in 6 kleine Auflaufförmchen abseihen.

♦ Den Ofen auf ungefähr 120 °C vorheizen. Die Form oder Förmchen in eine größere Form einsetzen und diese bis zur Hälfte mit heißem Wasser füllen. Im Ofen im Wasserbad etwa 1 Stunde garen, bis die Creme vollständig gestockt ist.

♦ Die Creme auskühlen lassen und vor dem Servieren leicht mit schwarzem Pfeffer bestreuen.

RECHTE SEITE:
Da die Armen im Römischen Reich keine Küche hatten, kauften sie ihre Speisen bereits fertig gegart an Straßenständen.

DATTELN IN WEIN UND HONIG

Diese mit einer Mandel-Honig-Mischung gefüllten Datteln, ein weiteres Rezept des Apicius, sind eine köstliche Ergänzung zur Safrancreme mit schwarzem Pfeffer.

FÜR 6 PERSONEN

- 500 g Datteln
- 250 g Mandeln
- 2 EL Honig
- Etwas grobes Salz
- 1/2 EL gemahlener Zimt
- 100 ml Marsala oder ein anderer Süßwein

♦ Die Datteln entsteinen. Die Mandeln grob zerstoßen und mit 1 Esslöffel Honig vermengen.

♦ Die Datteln mit der Mandel-Honig-Mischung füllen, in eine Pfanne setzen und mit etwas grobem Salz bestreuen. Den restlichen Honig mit dem Zimt und dem Süßwein verrühren und über die Datteln gießen.

♦ Den Pfanneninhalt zum Köcheln bringen und die Datteln unter einmaligem Wenden in etwa 12 Minuten bei mittlerer Hitze garen, bis sie sehr weich sind und die Sauce zu einem dicken Sirup eingekocht ist.

♦ Die Datteln vollständig abkühlen lassen und nach Belieben vor dem Servieren mit einigen zerstoßenen Mandeln bestreuen.

3. Jahrhundert

GAUMENFREUDEN AM HOFE CHINAS

MENÜ

Hühnersuppe mit chinesischen Fadennudeln

Schweinerippchen

Sautierte Froschschenkel

Eingelegte Gurken mit Chinakohl

Rindfleisch mit Walnüssen

Reis der »acht Schätze«

Das 3. Jahrhundert …

Die chinesische Küche unterschied sich grundlegend von der römischen. Während die Römer eine Schwäche für alles Fremdartige und Extravagante hatten, beruhte die chinesische Kochkunst auf Philosophie und Wissenschaft. Bereits tausend Jahre vor unserer Zeitrechnung betrieben die Chinesen Lebensmittelforschung und entwickelten Speisen, die an die Bedürfnisse von Körper und Geist angepasst waren. Dichter und Denker widmeten ganze Werke mit detaillierten Rezepten der Ernährung. Jeder kultivierte und gebildete Mensch hatte Kenntnisse über Lebensmittel und ihre Wirkung auf die Gesundheit.

Küche und Philosophie

Die von den Lehrsätzen des Philosophen Konfuzius, vom Taoismus, den Prinzipien von Yin und Yang und den fünf Grundsätzen des Geschmacks inspirierte Küche war faszinierend und einzigartig. Die Rezepte beruhten auf einer vollkommenen Balance der Hauptzutaten, Geschmack und Geruch, Konsistenz und Farbe, ja selbst kalt und warm. Harmonie und Kontrast charakterisierten sowohl jedes Einzelgericht als auch die Gesamtheit der verschiedenen Speisen eines festlichen Mahls.

Szene aus einem chinesischen Festbankett.

Die Han-Dynastie zerfiel im Jahre 220 n. Chr. Für das chinesische Reich begann damit nach vier Jahrhunderten der Einheit die Zeit der drei Reiche. Sie endete mit der Wiedervereinigung ausgangs des 3. Jahrhunderts. Trotz dieser staatlichen Zersplitterung erlebte China während dieser Phase eine politische, religiöse, wissenschaftliche, literarische und intellektuelle Blütezeit. Parallel zum Konfuzianismus, der die Han-Dynastie geprägt hatte, entwickelten sich neue geistige und religiöse Strömungen wie der Taoismus und der Buddhismus. Bedeutende landwirtschaftliche Neuerungen, die erst ein Jahrtausend später das Abendland erreichen sollten, veränderten die Ernährung von Arm und Reich.

Die ersten wasserbetriebenen Mühlen, die vermutlich aus dem Westen nach China gelangten und zur Herstellung von Mehl eingesetzt wurden, tauchten in jener Epoche auf. Auch die Erfindung der Schubkarre zur leichteren Beförderung der Waren fiel in diese Zeit. Um die Feldarbeit zu erleichtern, wurde das Vieh vor Pflüge mit metallenen Scharen gespannt. Hoch entwickelte Maschinen ermöglichten eine effizientere Aussaat, und der Einsatz von Dünger und Pestiziden führte zu einer Steigerung der Ernteerträge. Die Bauern nahmen die neuartigen Techniken und die modernen Geräte bereitwillig an.

Die Erfindung des Wok

Auch in der Küche hielt ein neues Utensil Einzug: der Wok. Die Methode des Schnellgarens, bei der die Zutaten bei lebhafter Hitze unter ständigem Rühren rasch sautiert werden, wurde aus der Not geboren. In der Han-Dynastie zwang der Ackerbau einen Großteil der Bevölkerung, praktisch über Monate den ganzen Tag auf dem Feld zu verbringen. Im Haus verwendete man zum Kochen einen großen metallenen Kessel mit einem nach innen gewölbten tönernen Deckel, der mit Löchern versehen war. Der Kessel wurde auf einem Dreifuß über die Feuerstelle gesetzt, wo das Essen stundenlang leise vor sich hin köchelte. Der durchlässige Deckel diente zum Dampfgaren der

Getreide. Diese Gartechnik war jedoch auf den Äckern, wo man nur wenig brennbares Material (Holz und Holzkohle) und Zeit zum Verschnaufen fand, denkbar ungeeignet. So erwies sich das Schnellgaren, bei dem die Zutaten bereits im Voraus geschnitten, gehackt oder gemahlen wurden, als zweckmäßige Lösung und der Wok als ideales Gargefäß: Lediglich ein bisschen Öl hinein und im Handumdrehen waren die zerkleinerten Zutaten gar.

Diese Gartechnik eroberte rasch die Küchen der Wohlhabenden und selbst die kaiserlichen Höfe. Auch Teig- und Gebäckwaren, um die man sich in den Läden riss, bahnten sich zunehmend ihren Weg auf die Tafeln der Aristokratie.

Das Garen im Ofen und am Spieß wurde bis ins kleinste Detail optimiert. In den Küchen des Kaisers arbeiteten die größten Koryphäen und eine Unzahl auf bestimmte Disziplinen der Kochkunst spezialisierte Köche. Die einen waren für die Alltagsküche zuständig, andere für Gemüse oder Getreide, für die Schöpfung neuer Rezepte und die Zusammenstellung der Speisefolgen, wieder andere für die Kühlung, die Lagerung oder Entsorgung. Insgesamt standen mehr als zweitausend Küchenkräfte im Dienste des Kaisers.

Die chinesische Küche verwendet so gut wie keine Milch oder Milchprodukte, dafür aber umso mehr Gemüse, Fleisch, Geflügel und Fisch. Die Chinesen waren die Ersten, die Zuckerrohr anbauten, aus dem sie die Basis für einen Sirup zum Süßen der Speisen gewannen. Auch waren sie Pioniere auf dem Gebiet der Kühltechnik. Ab der Han-Dynastie beherrschten sie die Kühlung von Räumen und Lebensmitteln während der Hitzeperioden mittels Eis, das sie im Winter einlagerten und konservierten. Tee gab es bereits, besonders in den südlichen Landesteilen. Er wurde in erster Linie als Heilpflanze verwendet. Zum Volksgetränk entwickelte sich Tee erst viel später. Gängiger waren in jener Zeit der Reis- und Hirsewein sowie verschiedene Liköre.

Frische Produkte und Köstlichkeiten, die über die Seidenstraße ins Land gelangten, füllten die Küchen der vornehmen Gesellschaft, die ein Faible für Luxusgüter wie Sesam, Granatäpfel, Pistazien, Haselnüsse, Paprika, Koriander und weißen Zucker hatte. Die Alltagskost der Armen bestand aus Sojabohnen und verschiedenem Getreide. Reis war ein so grundlegender Posten auf dem Speiseplan, dass alle anderen Bestandteile der Mahlzeit als Beilagen angesehen wurden, etwa Lauchzwiebeln, Bambussprossen, Sojasauce, süßsaure Zwetschgensauce, seltener Huhn, Ente, Schweinefleisch und Fisch. Die Auffassung, wonach die schlichteste Speise auch die wichtigste der gesamten Mahlzeit sei, ging auf die altüberlieferte Philosophie zurück: »Die Unscheinbarkeit ist die Mutter der fünf Geschmäcker.«

China ist so groß, dass man weder historisch noch heute von der chinesischen Küche sprechen könnte. Die drei Reiche, die der Han-Dynastie folgten – Wei im Norden (Hauptstadt Luoyang), Sichuan im Südwesten (Hauptstadt Chengdu) und Wu im Tal des Yangtse im Südosten (Hauptstadt Nanking) –, waren auch in kulinarischer Hinsicht sehr unterschiedlich. Im Norden aß man mehr Weizen, Hirse, Hammelfleisch, Austern, Zwiebeln, Kohl, Knoblauch, Pilze, Kirschen und Melonen. Im Süden dominierten Reis, Flussfische – hauptsächlich Karpfen –, Ente, Frösche, Meeresfrüchte, Lotusblätter, Bananen und Kokosnüsse, und in Sichuan waren es besonders pikante Gerichte aus Rind-, Büffelfleisch und Zicklein.

Da die schweren Schmortöpfe aus Bronze für das Kochen auf den Feldern ungeeignet waren, erfand man den vielseitigen Wok.

HÜHNERSUPPE MIT CHINESISCHEN FADENNUDELN

Nudeln und Teigwaren wurden während der Han-Dynastie populär. Man verkaufte sie auf der Straße, und es dauerte nicht lange, bis sie auch auf der Tafel des Kaisers erschienen.

FÜR 6 PERSONEN

250 g Hühnerbrust, ohne Haut

1 Eiweiß

1 EL Reismehl (oder Speisestärke)

30 g chinesische Trockenpilze (Mu-err)

3 Frühlingszwiebeln

1,2 l Hühnerbrühe

400 g chinesische Fadennudeln (mit Ei)

2 EL Sojaöl

100 g Bambussprossen aus der Dose

50 ml Sojasauce

1 TL Zucker

1 EL Salz

1 EL Sesamöl

1 EL Reiswein

♦ Die Hühnerbrust in Streifen schneiden und in eine Schüssel legen. Das Eiweiß mit dem Reismehl oder der Speisestärke verschlagen und mit dem Fleisch vermengen. 30 Minuten ziehen lassen.

♦ Die Pilze 20 Minuten in heißem Wasser einweichen. Gründlich abtropfen lassen und in feine Streifen schneiden. Die Frühlingszwiebeln der Länge nach halbieren und in 3 Zentimeter große Stücke schneiden.

♦ Die Hühnerbrühe zum Kochen bringen und die Nudeln darin in 5 Minuten oder nach Packungsanweisung gar kochen. Brühe und Nudeln zu gleichen Teilen in Suppenschalen verteilen.

♦ Inzwischen das Sojaöl in einer Pfanne oder einem Wok erhitzen und die Hühnerbruststreifen darin unter Wenden von allen Seiten goldgelb anbraten. Die Pilze, Bambussprossen und Frühlingszwiebeln zufügen und unter Rühren 1 Minute mitbraten.

♦ Die Sojasauce, den Zucker, das Salz und das Sesamöl mit dem Reiswein vermengen, in die Pfanne oder den Wok gießen und rasch unterrühren. Sobald die Sauce zu kochen beginnt, die Mischung in die Suppenschalen verteilen. Sofort servieren.

SCHWEINERIPPCHEN

Viele glauben, dass der Islam wegen der beispiellosen Leidenschaft der Chinesen für Schweinefleisch in China nicht Fuß fassen konnte. Die chinesischen Köche nutzten nämlich von den zartesten Stücken bis zu den Eingeweiden das gesamte kulinarische Repertoire des Tieres.

♦ Die Rippchen zerteilen (oder bitten Sie Ihren Metzger darum) und in eine Schüssel legen.
♦ Die restlichen Zutaten zu einer Marinade verrühren und über das Fleisch verteilen. An einem kühlen Ort unter gelegentlichem Wenden einige Stunden marinieren lassen.
♦ Den Ofen auf 200 °C vorheizen. Die Rippchen aus der Marinade nehmen und über der Abtropfpfanne auf einen Grillrost legen. Die Marinade zurückbehalten. Die Rippchen im Ofen etwa 12 Minuten von jeder Seite grillen. Die Temperatur auf 170 °C herunterstellen und weitere 20 Minuten garen, bis das Fleisch ganz zart ist.
♦ In einer Sauteuse oder einem Wok die Marinade erhitzen und die Rippchen hineinlegen. Die Rippchen in der Marinade unter mehrmaligem Wenden einige Minuten glasieren.

FÜR 6 PERSONEN

1 kg Schweinerippchen

FÜR DIE MARINADE

100 ml Sojasauce

3 Knoblauchzehen, durchgepresst

4 EL Zucker

100 ml Reiswein

100 ml Honig

50 ml Essig

1/2 TL Fünfgewürzpulver

Die Bauern der Han-Dynastie ließen sich nicht lange bitten, die neuen landwirtschaftlichen Techniken in die Tat umzusetzen – hier: das Reissieben.

SAUTIERTE FROSCHSCHENKEL

Frösche galten im Süden Chinas mit seinen zahlreichen Flüssen und Sümpfen als ganz besondere Delikatesse. Die Menschen im Norden des Landes begegneten ihnen eher mit skeptischer Zurückhaltung.

FÜR 6 PERSONEN

400 g Froschschenkel

50 ml Reiswein

2 EL Reismehl (oder Speisestärke)

Frischer Ingwer (etwa 2 cm)

3 Frühlingszwiebeln

3 EL Öl

FÜR DIE SAUCE

2 EL Sojaöl

1 EL Essig

1 TL Zucker

1 Prise Pfeffer

♦ Die Froschschenkel in eine Schüssel legen. Den Reiswein mit dem Reismehl oder der Speisestärke verrühren und die Froschschenkel damit 10 Minuten marinieren.

♦ Den Ingwer schälen und in feine Streifen schneiden. Die Frühlingszwiebeln fein hacken.

♦ Das Öl in einer Pfanne oder einem Wok erhitzen, die Froschschenkel hineinlegen und von allen Seiten goldbraun anbraten. Den Ingwer und die Frühlingszwiebeln hinzufügen und 1–2 Minuten mitbraten.

♦ Das Sojaöl, den Essig, Zucker und Pfeffer zu einer Marinade verrühren und unter den Pfanneninhalt mengen. Einige Minuten sautieren, nach Belieben mit ein paar Frühlingszwiebelstängeln garnieren und servieren.

EINGELEGTE GURKEN MIT CHINAKOHL

Nach der Han-Dynastie entdeckten die Chinesen ihre Vorliebe für eingelegtes Gemüse. Nach Art von Sichuan wurde es pikant gewürzt.

FÜR 6 PERSONEN

3 mittelgroße Gemüsegurken

250 g Chinakohl

Frischer Ingwer (etwa $2^1/_2$ cm)

1 TL Sichuan-Pfeffer, grob gemahlen

50 ml Reiswein

40 g Salz

15 g Zucker

♦ Die Gurken waschen und in feine Scheiben schneiden. Den Chinakohl putzen, waschen, gründlich abtropfen lassen und in feine Streifen schneiden. Den Ingwer schälen und in kleine Stücke schneiden. Sämtliche Gemüse in eine Schüssel füllen und den Pfeffer untermengen.

♦ 1 Liter Wasser zum Kochen bringen und über das Gemüse gießen. Die restlichen Zutaten zufügen und alles gründlich vermischen. An einem kühlen Ort 3–4 Tage ziehen lassen.

♦ Vor dem Servieren das Gemüse in einem Sieb abtropfen lassen.

LINKE SEITE: *Maulbeerbäume dienten der Zucht von Seidenraupen.*

RINDFLEISCH MIT WALNÜSSEN

Die Chinesen im Norden des Landes sowie im Westen an der Grenze zur Mongolei aßen viel Rind- und Hammelfleisch. Auch heute noch wird Rindfleisch in den verschiedensten Zubereitungen serviert; meistens kommt es jedoch zusammen mit bissfest gegartem Gemüse aus dem Wok auf den Tisch. Walnüsse waren während der Han-Dynastie sehr en vogue, wie die Walnussplantagen in den kaiserlichen Obstgärten bezeugen.

FÜR 6 PERSONEN

500 g Rindfleisch aus der Oberschale

3 EL Sojasauce

2 EL Reiswein

1 TL Zucker

1 große Zwiebel

2 Knoblauchzehen

100 g Walnusskerne

50 g Zucker

50 ml Öl für die Walnüsse

2 EL Öl für das Fleisch

1 TL fein gehackter Ingwer

FÜR DIE SAUCE

250 ml Hühnerbrühe

2 EL Sojasauce

2 EL Reiswein

Salz, Pfeffer, Zucker

1 EL Reismehl (oder Speisestärke)

1 EL Sesamöl

♦ Das Rindfleisch in dünne Scheiben und diese in kleine Stücke schneiden. Die Sojasauce mit dem Reiswein und dem Zucker verrühren und das Fleisch darin 30 Minuten marinieren lassen.

♦ Inzwischen die Zwiebel in Streifen und den Knoblauch in feine Scheiben schneiden.

♦ Die Walnüsse mit dem Zucker in 1 Glas Wasser 10 Minuten köcheln lassen. Gut abtropfen lassen und mit Küchenkrepp sorgfältig trockentupfen. Die vollständig trockenen Nüsse in dem sehr heißen Öl einige Minuten goldgelb rösten. Aus dem Öl nehmen und auf Küchenkrepp abtropfen lassen.

♦ In einem Wok 2 Esslöffel Öl erhitzen und das Fleisch bei starker Hitze von allen Seiten rasch anbraten, bis es nicht mehr rot ist. Aus dem Wok nehmen und beiseite stellen. Die Zwiebeln, den Knoblauch und den Ingwer in dem verbliebenen Öl im Wok 2 Minuten anschwitzen.

♦ Das Fleisch zurück in den Wok geben und die Walnüsse untermengen. Die Saucenzutaten bis auf das Reismehl und das Sesamöl verrühren und über das Fleisch gießen. Unter Rühren zum Kochen bringen.

♦ Das Reismehl oder die Speisestärke in wenig Wasser auflösen. Über das Fleisch gießen und so lange rühren, bis die Sauce dick und glänzend wird. Die Hitze abschalten und das Fleisch mit dem Sesamöl beträufeln.

Bauern auf den Reisfeldern. Im China des 3. Jahrhunderts war Reis bereits das Grundnahrungsmittel Nummer eins.

REIS DER »ACHT SCHÄTZE«

Süßspeisen wurden und werden auch heute nicht am Ende der Mahlzeit, sondern zwischen den Gängen, als Imbiss oder Zwischenmahlzeit gegessen. Dieses Dessert ist reich an Zutaten, die aus dem Abendland importiert wurden, darunter Trockenfrüchte; das Dampfgaren ist jedoch typisch für die chinesische Küche. Das Dessert wurde zu besonderen Anlässen gereicht; die »acht Schätze« symbolisieren Amulette, die die bösen Geister vertreiben.

FÜR 6 PERSONEN

250 g Kurzkornreis (Milchreis)

50 g Butterschmalz

50 g Zucker

25 g Rosinen

15 Datteln

8 getrocknete Aprikosen

8 karamellisierte Walnüsse

8 kandierte Kirschen

8 kandierte Kumquats

1 Dose (etwa 200 g) Maronenpüree

16 geschälte Mandeln

FÜR DEN SIRUP

200 g Zucker

250 ml Wasser

1 EL Reismehl (oder Speisestärke)

♦ Den Reis in einer Kasserolle mit kaltem Wasser etwa 2 cm hoch bedecken und zum Kochen bringen. Die Hitze auf die kleinste Stufe herunterstellen und den Reis in etwa 15 Minuten sehr weich kochen.

♦ Den heißen Reis mit dem Butterschmalz, Zucker und Rosinen vermengen und auskühlen lassen.

♦ 10 Datteln hacken, die restlichen 5 halbieren. Eine hohe, runde und feuerfeste Form mit etwa 1 Liter Fassungsvermögen mit Butterschmalz ausstreichen und die halbierten Datteln kreisförmig einsetzen.

♦ Die Datteln mit einer dünnen Schicht Reis bedecken. Die Aprikosen am Formrand entlang einlegen und eine weitere dünne Schicht Reis einfüllen. Ringsum die karamellisierten Walnüsse und kandierten Kirschen einsetzen und erneut alles mit Reis bedecken. Die Kumquats ebenfalls kreisförmig anordnen und mit Reis bedecken.

♦ Die gehackten Datteln mit dem Maronenpüree vermengen und die Mischung auf der Reisschicht verteilen. Die Mandeln am Formrand entlang einlegen und zuoberst mit einer dicken Schicht Reis abschließen.

♦ Die Form locker mit Alufolie abdecken und in einen Topf mit Dämpfeinsatz einsetzen. Etwa 1 Stunde garen.

♦ Für den Sirup den Zucker mit dem Wasser 5 Minuten kochen lassen. Das Reismehl oder die Speisestärke in etwas Wasser auflösen und in den siedenden Sirup gießen. Unter ständigem Rühren kurz kochen lassen, von der Kochstelle nehmen und auskühlen lassen.

♦ Den Reiskuchen auf eine Servierplatte stürzen und mit dem Zuckersirup gleichmäßig beträufeln. Warm servieren.

ANMERKUNG

Die Trockenfrüchte werden am Formrand eingelegt, damit sie nach dem Stürzen des Kuchens sichtbar sind. Man kann aber ebenso gut in der Mitte abwechselnd Früchte und Reis und eine Lage Maronenpüree einschichten und einige Trockenfrüchte zur Dekoration des gestürzten Reiskuchens zurückbehalten.

4. Jahrhundert

OPULENZ IN KONSTANTINOPEL

MENÜ

Entenbrust mit
Senf-Hong-Kruste und Kirsch-Ingwer-Sauce

Thunfisch im »Sarkophag«
mit Meeresfrüchten in Weinsauce

Gegrillter frischer Knoblauch mit Olivenöl

Pochierte Birnen mit Haselnüssen
und Honig

Das 4. Jahrhundert…

Am 13. Mai 330 läutete Kaiser Konstantin der Große ein bedeutendes neues Kapitel der Menschheitsgeschichte ein, indem er das Byzantinische Reich, das fast tausend Jahre den östlichen Teil des römischen Imperiums beherrscht hatte, begründete. Konstantin gelang es, das im Osten im Zerfall begriffene Reich zu stabilisieren, weil er den wachsenden Einfluss des Christentums und seine Bedeutung für das Reich erkannte und weil er eine neue Stadt errichten ließ, die seinen Namen trug und als Reichshauptstadt an die Stelle von Rom trat. Die Verlagerung der Hauptstadt nach Osten erlaubte eine bessere Verteidigung der durch die Barbaren bedrohten Grenzen. Zudem verlieh ihm die geographische Lage Konstantinopels die Kontrolle über den Ost-West-Handel.

Alle Reichtümer dieser Welt

Konstantin hatte als Standort für seine neue Stadt die Meerenge des Bosporus gewählt, dort, wo sich die Handelsrouten von Asien nach Europa kreuzten. Die Gegend war von fruchtbarem Land umgeben, das mit allen erdenklichen Kulturen bewirtschaftet wurde. Und um das freudige Ereignis gebührend zu feiern, ordnete der Kaiser ein vierzigtägiges Festmahl an.

So kam Konstantinopel in den Genuss aller Reichtümer dieser Welt. Karawanen, beladen mit Seidenwaren, kostbaren Tüchern, Parfums, Kräutern, Zuckerrohr und exotischen Früchten aus Ceylon, Indien und China zogen in die Stadt. Händler aus allen Winkeln Europas kamen, um die aus dem Orient eingeführten Produkte zu erwerben und ihre eigenen Waren zu verkaufen.

In Konstantinopel gab es einfach alles: Fleisch, Milch und Käse, Rinder, Schafe, Schweine, alle Arten von Wild, Fisch und Meeresfrüchte, die aus den ruhigen Gewässern des Bosporus stammten. Thunfisch und Makrelen von dort galten neben anderen Sorten als weltweit die besten ihrer Art. Die Obstgärten boten einen einzigartigen Reichtum – Granatäpfel, Feigen, Pfirsiche, verschiedene Birnensorten, Äpfel, Mandeln, Pistazien, Haselnüsse, Johannisbrot, schwarze Maulbeeren und die feinsten Kirschen. Jede Sorte war so berühmt wie die andere. Die Rebstöcke brachten den besten Wein des Römischen Reichs hervor, die Olivenhaine lieferten das Öl. Auf den Feldern wurden Weizen und anderes Getreide angebaut, aber

auch Unmengen von Gemüse, darunter natürlich auch zahlreiche Hülsenfrüchte wie Saubohnen, Kichererbsen, Linsen, Lupinen (Wolfsbohnen) usw.

Die nach dem Vorbild Roms gebaute Stadt verfügte über mehrere Märkte, jeder diente einem anderen Warenzweig. Der Brotmarkt befand sich an einem Ort, die Schweineschlachterei an einem anderen. Einer der geschäftigsten, lärmendsten Orte der ganzen Stadt war der Platz, auf dem die Schafe verkauft und anschließend geschlachtet oder geschoren wurden.

An der Kreuzung vom Orient zum Okzident

Der Reichtum Konstantinopels drückte sich in der Kleidung wie in den Speisen der reichen Leute aus. Schimmernde Seide aus dem Orient wetteiferte mit den für Rom typischen Baumwoll- und Leinenstoffen. Sie waren mit goldenem Garn und kunstvollen Stickereien verziert. Kostbare Stoffe schmückten auch die Diwane und Polster, auf denen man sich zum Essen niederließ. Die Essgewohnheiten ähnelten denen der Römer, doch die mit Mosaiken gefliesten Räume und die prächtigen Speisesäle waren von unvergleichlichem Glanz. Die Küche war geprägt von orientalischen und abendländischen Einflüssen, der reichlichen Verwendung von Gewürzen und Kräutern und einer unerschöpflichen Vielfalt an Meeresfrüchten und anderen frischen Produkten. Die Speisen auf den Tafeln des Kaisers und der wohlhabenden Schicht glichen – zumindest zu Zeiten der Gründung Konstantinopels – denen im alten Rom.

Die einfacheren und ärmeren Leute begnügten sich mit Brot, das sie in Wein, Essig oder Öl tunkten, frischem oder getrocknetem Gemüse und Früchten. Nachdem die Bewohner Konstantinopels zu Bürgern Roms erklärt worden waren, hatten sie den gleichen Anspruch auf die kostenlose Brotverteilung wie die Einwohner der alten Hauptstadt.

OBEN: *›Ein Basar in Konstantinopel‹, Brindesi. Es gab dort Produkte aus dem Orient und dem Okzident.*

LINKE SEITE: *Kaiser Konstantin kündigt ein großes, vierzigtägiges Fest zur Feier der Gründung der neuen Hauptstadt Konstantinopel an.*

ENTENBRUST MIT SENF-HONIG-KRUSTE UND KIRSCH-INGWER-SAUCE

Lucullus, der für seine kulinarischen Reisen und seinen kostspieligen Lebenswandel berühmte römische Gourmet, nach dem die heutigen Schlemmer als Lukull(us) bezeichnet werden, brachte vom Schwarzen Meer Kirschen nach Rom. Vermutlich war es auch er, der den Früchten ihren lateinischen Namen nach dem Ort ihrer Herkunft, Ceraseum, einem kleinen Marktflecken nahe Byzanz, gab.

FÜR 8 PERSONEN

4 Entenbrüste

3 EL Honig

2 Knoblauchzehen, durchgepresst

2 TL Senfkörner

Salz, Pfeffer

FÜR DIE SAUCE

500 ml Rotwein

2 EL Honig

2 TL fein geriebener frischer Ingwer

500 g Kirschen, entsteint

Einige Minzeblättchen zum Garnieren

♦ Den Ofen auf 220 °C vorheizen. Die Entenbrüste gründlich abspülen und trockentupfen. Mit der Hautseite nach oben auf ein Backblech legen und mit einigen schrägen Einschnitten versehen.

♦ Den Honig, den Knoblauch und die Senfkörner vermengen und die Haut der Entenbrüste damit bestreichen. Etwas salzen und pfeffern. Im vorgeheizten Ofen etwas 15 Minuten braten.

♦ Die Entenbrüste aus dem Ofen nehmen. Abkühlen lassen und in feine Scheiben schneiden.

♦ Für die Sauce den Wein mit dem Honig und Ingwer verrühren und die Kirschen darin weich kochen. Die Kirschen aus der Garflüssigkeit nehmen und warm stellen. Die Flüssigkeit bei großer Hitze bis auf 200 ml einkochen lassen.

♦ Die Entenbrustscheiben auf einer Servierplatte anrichten, die Kirschen darauf verteilen und mit der Sauce übergießen. Mit den Minzeblättchen garnieren.

THUNFISCH IM »SARKOPHAG« MIT MEERESFRÜCHTEN IN WEINSAUCE

Lucullus behauptete, den besten Thunfisch gäbe es in Byzanz, er stamme aus dem Schwarzen Meer. Vermutlich wurde er damals wie Geflügel in gefettetem Papier oder im Teigmantel gegart. Die Hülle verhinderte das Austrocknen während des Garvorgangs in der heißen Aschеglut. Diese Gartechnik eignet sich für alle Meeresfische. Sie können die Teigkruste auch durch Pergamentpapier ersetzen.

FÜR 8 PERSONEN

1 Thunfisch oder ein anderer Meeresfisch von etwa 2,5 kg

2 Zweige Koriandergrün

2 Zweige Petersilie

2 Zweige Basilikum

2 Zweige Oregano

1 TL Fenchelsamen

Salz, Pfeffer

1 kg Mehl

3 EL grobes Salz

Etwas Wasser

FÜR DIE SAUCE

1 kg gemischte Meeresfrüchte (z. B. kleine ganze Kalmare, Krustentiere, Muscheln usw.)

3 EL Olivenöl

3 Schalotten, fein gehackt

500 ml Weißwein

1 Bouquet garni

Salz, Pfeffer

1 Prise Safran

4 EL fein gehackte Petersilie

1 TL Honig

2 EL Apfelessig

♦ Den Ofen auf 200 °C vorheizen. Den Fisch gründlich abspülen und trockentupfen. Mit den Kräutern und den Fenchelsamen füllen und von innen und außen salzen und pfeffern.

♦ Das Mehl und das grobe Salz in eine Schüssel füllen. Nach und nach das Wasser zugießen und die Zutaten zu einem festen Teig verkneten. Den Teig flach drücken und den Fisch vollständig darin einwickeln.

♦ Den Fisch im Ofen etwa 45 Minuten backen.

♦ Inzwischen die Meersfrüchte putzen und in grobe Stücke schneiden.

♦ In einer Sauteuse das Olivenöl erhitzen und die Meeresfrüchte und Schalotten darin 2 Minuten anschwitzen. Den Wein zugießen und das Bouquet garni, Salz, Pfeffer und Safran hinzufügen. Zum Kochen bringen und bei milder Hitze ungefähr 20 Minuten köcheln lassen. Von der Kochstelle nehmen, die Hälfte der Petersilie, den Honig und Essig zugeben und gut verrühren.

♦ Den Fisch aus dem Ofen nehmen, die Teigkruste entfernen und wegwerfen. Den Fisch auf einer Servierplatte anrichten und mit den Meeresfrüchten sowie der Weinsauce überziehen. Mit der restlichen Petersilie garnieren.

GEGRILLTER FRISCHER KNOBLAUCH MIT OLIVENÖL

Knoblauch zählt zu den ältesten Kulturpflanzen. Schon die Völker der Antike kannten seine kulinarischen Vorzüge. Händler aus dem Vorderen Orient brachten ihn nach Westeuropa.

FÜR 8 PERSONEN

4 ganz frische Knoblauchknollen

3 EL Olivenöl

♦ Die Knoblauchknollen in eine ofenfeste Form oder in vier kleine Auflaufförmchen legen und mit dem Öl beträufeln.
♦ Die Form in den sehr heißen (vorgeheizten!) Ofen schieben und den Knoblauch (zum Beispiel während die Entenbrüste und der Fisch garen) etwa 45 Minuten backen.
♦ Die Knoblauchknollen waagerecht halbieren und um den Fisch herum anrichten.

POCHIERTE BIRNEN MIT HASELNÜSSEN UND HONIG

Birnen stammen ursprünglich aus Kleinasien, von wo aus sie sich nach ganz Europa ausbreiteten. Die byzantinische Küche kannte zahllose Zubereitungen mit der Frucht.

FÜR 8 PERSONEN

8 Birnen

100 g Haselnusskerne, grob gehackt

50 ml Honig

16 Gewürznelken

60 ml Apfelessig

1 Zimtstange

30 g Pistazienkerne, blanchiert und geschält

♦ Die Birnen schälen, der Länge nach halbieren und mit einem Löffel die Kerngehäuse entfernen.
♦ Die Haselnusskerne mit 1 Esslöffel Honig vermengen und die Birnenhälften damit füllen. Am Stielansatz in jede Hälfte 1 Gewürznelke hineinstecken.
♦ Die Birnenhälften in eine Kasserolle oder eine Sauteuse einsetzen. Den Essig mit dem restlichen Honig verrühren und um die Früchte herum verteilen. Die Birnen 3/4 hoch mit Wasser angießen, die Zimtstange einlegen und zum Kochen bringen.
♦ Die Hitze herunterstellen, die Kasserolle schließen und die Birnen etwa 15 Minuten köcheln lassen, bis sie weich sind. Vorsichtig aus dem Topf nehmen und vollständig auskühlen lassen.
♦ Die Früchte auf einer Servierplatte anrichten, die abgekühlte Sauce darüber gießen und mit den Pistazienkernen bestreuen.

RECHTE SEITE:
Mosaik aus dem 5.–6. Jahrhundert. Ein Bauer trägt einen Korb mit Eiern zum Markt.

ΕΥΦΡΑ
ΣΙΣ

5. Jahrhundert

DIE KÜCHE DER VANDALEN

MENÜ

Roggenbrot mit Butter und geröstetem Knoblauch

Schweinsragout mit Linsen

Gewürzte Sauermilch mit Honig

Das 5. Jahrhundert …

Die barbarischen Stämme, denen es nach jahrhundertelanger Bedrohung Europas gelang, das Römische Reich zu stürzen, hinterließen nur Tod und Verwüstung. Der Vandalismus wurde zum Synonym für die Zerstörung von Häusern und Sachgütern, während der Fall des römischen Karthago in Nordafrika im Jahre 429 den endgültigen Zusammenbruch der römischen Zivilisation besiegelte und Europa in die Finsternis des beginnenden Mittelalters stürzte.

Kunstlose Küche und primitive Kost

Auch in kulinarischer Hinsicht bedeutete die Ankunft der Barbaren einen herben Rückschlag. Die Nomadenstämme, die von Ackerbau nicht viel verstanden, plünderten und verwüsteten systematisch das gesamte hoch entwickelte römische Agrarwesen. Indem sie das eroberte Kulturland nach und nach verbrannten, vernichteten die barbarischen Stämme einen Großteil der Nahrungsressourcen und entzogen den Römern damit praktisch die Lebensgrundlage. Die europäische Wirtschaft, die auf Import, Export und dem kontrollierten Warenaustausch zwischen den Ländern basierte, wurde auf den Entwicklungsstand lokaler Kleinstproduktion zurückgeworfen.

Die Vandalen ernährten sich hauptsächlich von Fleisch, Milchprodukten und Getreide. Die Speisen wurden sehr grob und dilettantisch zubereitet. Im Gegensatz zu den Römern maßen die Vandalen der Kochkunst überhaupt keine Bedeutung bei. Das Fleisch – zumeist Wild, Hammel, besonders aber Schwein – wurde über dem offenen Feuer gegrillt oder in riesigen Schmorkesseln gegart, die an Pflöcken über der Feuerstelle aufgehängt waren. Die Barbaren aßen alles, was sie am Wegesrand fanden, und erst mit fortschreitender Sesshaftigkeit begannen sie, Gemüse systematisch anzubauen. Allerdings brachten sie brauchbare Methoden zur Verarbeitung von Milchprodukten mit. Doch mit der Erlesenheit, Originalität, der verschwenderischen Verwendung von Gewürzen und kunstvollen Präsentation der Speisen der römischen Küche hatte all das nichts zu tun. An ihre Stelle trat eine schlichte, fette, kümmerliche Kost.

LINKS: *Attila, König der Hunnen, empfängt den Botschafter des Kaisers von Byzanz. Die Barbaren nahmen rasch bestimmte Bräuche und Gepflogenheiten der eroberten Völker an.*

LINKE SEITE: *Attila auf seinem Pferd, Illustration von Delamare aus ›La Petite Histoire de la France‹, Brunhes.*

Die Verbreitung der Butter

Kaum zu leugnen ist jedoch, dass es die Vandalen waren, denen die europäische Küche den Weizen, den Kumys (dickflüssiges Sauermilchgetränk), vor allem aber die Butter verdankt. Letztere war bereits seit Jahrtausenden bekannt, wie Zeugnisse aus der Zeit der Sumerer belegen. In Zentralasien und der Mongolei wurde Butter häufig und auf die unterschiedlichsten Arten verwendet. Auch die Kelten und Wikinger, die Viehzucht in großem Stil betrieben, verwendeten traditionell Butter. Die arabischen Völker im Mittleren Osten – und in jüngerer Vergangenheit in Nordafrika – stellten Butter aus Schafmilch her. Die Griechen und Römer zogen dem kaum verwendeten neuartigen Fett jedoch das Olivenöl vor. Plinius d. Ä. mokierte sich über die in seinen Augen bizarre Unart der Barbaren, Butter anstelle von Öl zu verwenden. Im westlichen Europa griff man bis zum 14. Jahrhundert nur sehr beschränkt zur Butter, wie das Werk Taillevents und andere Kochbücher älteren Datums belegen.

ROGGENBROT MIT BUTTER UND GERÖSTETEM KNOBLAUCH

Das Roggenbrot ist einer der wesentlichen Beiträge der Vandalen zur europäischen Ernährung. Die Butter und der geröstete Knoblauch ergänzen es auf delikate Weise.

FÜR 6 PERSONEN

6 große Scheiben Roggenbrot

1 Knoblauchknolle, möglichst frisch

60 g Butter

Salz, Pfeffer

♦ Den Ofen auf 200 °C vorheizen. Die Brotscheiben unter dem Grill, im Toaster oder über der Herdflamme rösten.

♦ Die Knoblauchknolle abspülen, trockentupfen und in eine ofenfeste Form legen. Im Ofen etwa 40 Minuten garen, bis sie sehr weich ist (zur Garprobe mit einer Gabel einstechen).

♦ Den Knoblauch abkühlen lassen und horizontal in zwei Hälften schneiden. Jede Brotscheibe großzügig zunächst mit Butter und anschließend mit Knoblauch bestreichen. Dabei das Fruchtfleisch des Knoblauchs mit einer Messerspitze aus den einzelnen Segmenten herausschaben. Salzen und pfeffern.

SCHWEINSRAGOUT MIT LINSEN

Für die feinsinnigen Römer war die Kost der Vandalen schwer und primitiv, ihre Kochkunst war im Vergleich zur römischen auf sehr niedrigem Niveau angesiedelt. Auch wenn dies der Wahrheit entsprach, so ist es noch lange kein Grund, sich den Genuss dieses Gerichts zu versagen, das aus Zutaten besteht, an denen sich schon die Barbaren erfreuten.

♦ Die Linsen in kaltem Wasser 1 Stunde quellen lassen. Das Fleisch abspülen und in 6 gleich große Stücke zerteilen. In einem Schmortopf mit kaltem Wasser bedecken und zum Kochen bringen. Bei milder Hitze etwa 45 Minuten garen.

♦ Die Linsen und das Fleisch abgießen und abtropfen lassen. Die Zwiebeln schälen und mit je 2 Gewürznelken spicken. In einem Schmortopf das Schweineschmalz erhitzen und den durchgepressten Knoblauch darin 1 Minute anschwitzen. Die Linsen, das gut abgetropfte Fleisch und die Zwiebeln kurz mitschwitzen. Alles mit Wasser bedecken, salzen und pfeffern, zum Kochen bringen.

♦ Den Thymian und Salbei einlegen, den Topf mit einem Deckel nicht ganz verschließen und alles etwa 2 1/2 Stunden garen. Von Zeit zu Zeit die Flüssigkeitsmenge prüfen, damit das Ragout nicht anbrennt. Am Ende der Garzeit sollte die Flüssigkeit fast vollständig absorbiert sein. Ist das Ragout zu flüssig, die überschüssige Flüssigkeit ohne Deckel und bei großer Hitze einkochen lassen.

♦ Das Fleisch ausstechen. Die Linsen auf einer Platte aufhäufen, das Fleisch darauf anrichten und servieren.

FÜR 6 PERSONEN

400 g Linsen

1,5 kg leicht gepökeltes Schweinefleisch

2 Zwiebeln

4 Gewürznelken

50 g Schweineschmalz

2 Knoblauchzehen, durchgepresst

Salz, Pfeffer

2 Zweige Thymian

1 Zweig Salbei

GEWÜRZTE SAUERMILCH MIT HONIG

Der Kumys, ein vergorenes Sauermilchgetränk mit sehr geringem Alkoholgehalt, wurde von den barbarischen Stämmen, die Viehzucht betrieben, aber weder Wein noch Weinbau kannten, sehr geschätzt. Das Getränk wurde manchmal mit Essig, Honig und mehreren Kräutern gewürzt und förderte die Verdauung der fetten Speisen.

♦ Die Sauermilch mit dem Honig und der Hälfte der Gewürze verrühren. Die gemahlenen Mandeln mit den restlichen Gewürzen vermengen.

♦ Die Milch in Gläser oder Kelche füllen und mit der Mandelmischung bestreuen.

♦ Sie können den Kumys auch als Sauce über frische Früchte gießen.

FÜR 6 PERSONEN

1 1/2 l Sauermilch oder Kefir

4 EL Honig

1 TL gemahlener Zimt

1/2 TL gemahlener Ingwer

2 EL geröstete, gemahlene Mandeln

6. Jahrhundert

SCHLICHTE TAFELFREUDEN IN IRLAND

MENÜ

Gemüsesuppe mit Brot

Irisches Gerstenbrot

Rindfleischragout mit Gerste

Kuchen mit getrockneten Früchten

Das 6. Jahrhundert …

Die Mönche fertigten Abschriften heiliger Texte an, beteten, arbeiteten handwerklich und schützten sich so vor den Verlockungen der Gaumenfreuden. Hier: der Schreiber Eadwine.

Im Jahre 563 verließ Columban der Ältere, Abt von Derry, Irland in Begleitung von zwölf seiner Schüler. Er landete an der Westküste Caledonias, des späteren Schottland, um die dort ansässigen heidnischen Völker zum christlichen Glauben zu bekehren.

Im 6. Jahrhundert stand der größte Teil Irlands unter christlichem Einfluss. Als der heilige Patrick hundert Jahre zuvor angelsächsischen Boden betrat, stieß er im Süden der Insel bereits auf christliche Siedlungen. Das mönchische Wirken war dort seinerzeit das bedeutendste Europas. Es existierten große Klöster, in denen Tausende Menschen in vollkommener Autarkie lebten. Diese Orte der spirituellen Zurückgezogenheit waren zugleich Brennpunkte von Bildung, Kultur, Wissenschaft und Literatur.

Die Mission des Mönches Columban

Columban d. Ä. kam aus einer Adelsfamilie. Bereits in seiner Kindheit zum Priesteramt bestimmt, wurde er in ein Kloster geschickt, aus dem auch der heilige Finnian hervorging. Im Jahre 544 brach Columban nach Derry auf, wo er im Norden das erste seiner zahlreichen Klöster gründete. 561 sollte ein Ereignis sein Leben von Grund auf verändern. Als passionierter Liebhaber heiliger Handschriften schrieb er heimlich nachts ein seltenes, kostbares Exemplar eines Psalters des heiligen Finnian von Maghbile ab. Auf frischer Tat ertappt, wurde er vom obersten König, Dermot von Tara, verurteilt. Der nämlich ergriff Partei für den heiligen Finnian und verkündete folgenden Rechtsspruch: »Jede Kuh hat ihr Kalb, und jedes Buch seine Abschrift.« Columban, erbost über das Urteil, mobilisierte Männer aus Ulster und Connaught und führte sie in die blutige Schlacht von Cul Dreimhne, in der Columban mit seinen Gefolgsleuten einen vernichtenden Sieg über die königlichen Truppen errang. Dreitausend Soldaten des Königs fanden den Tod, während auf der anderen Seite nur ein einziger Kämpfer einem Versehen zum Opfer fiel.

Nach der Schlacht erklärte die Synode von Teilte Columban für schuldig, christliches Blut vergossen zu haben. Viele glauben, dass ihn daraufhin sein Gewissen ins Exil getrieben habe. Zwei Jahre nach dem Massaker ging Columban 42-jährig nach England. Er schwor, nicht eher nach Irland zurückzukehren, als bis er seine Tat gesühnt hätte, indem er eine mindestens ebenso große Zahl Ungläubiger zum Christentum bekehrte, wie die Schlacht von Cul Dreimhne Opfer gefordert hatte. Innerhalb von zwei Jahren evangelisierte er den gesamten heidnischen Westen Schottlands und Teile der Landesmitte. Im Jahre 564 ließ er sich auf Iona nieder, einer Insel, die für die Heiden vermutlich von sakraler Bedeutung war, und gründete dort sein Hauptkloster.

Nur ein Teller Gemüse am Tag

Die Schlacht von Cul Dreimhne hatte die Autorität des Königs in ihren Grundfesten erschüttert, sodass die Herrschenden das Zentrum der Macht von Tara nach Oye Neil, eine Festung des Columban im Norden des Landes, verlegten. Man bat ihn, an der Wahl des Thronfolgers teilzuhaben. Später wirkte er als Vermittler in rechtlichen und steuerlichen Angelegenheiten zwischen den Machthabern Schottlands und Irlands. Als Heiliger, Kämpfer und ausgezeichneter Staatsmann in einer Person war Columban eine schillernde, tatkräftige Persönlichkeit.

Das Leben der Mönche war von fast völliger Entsagung geprägt. Die strengen Regeln, die für alle Klöster einen genauen Tagesrhythmus und Vorschriften für das Zusammenleben enthielten, verpflichteten die Brüder, ein sittenstrenges, ärmliches Leben zu führen. Während die Kirche ihre Gläubigen zum Fasten anhielt, um die Seele zu reinigen, und dabei Willenskraft und Vermögen jedes Einzelnen in Rechnung stellte, wurde von den Klosterbewohnern die strikte Einhaltung sämtlicher kalendarischer Fasttage erwartet. Die Mönche aßen nur eine, meist um die Mittagszeit eingenommene Mahlzeit, die aus gekochtem Gemüse bestand. Am Abend gab es hin und wieder einen zusätzlichen Imbiss. Fleisch, ja sogar Fisch war den Mönchen die meiste Zeit ganz verboten. Sie mussten sich außerdem mit Speisen begnügen, die als einfach galten, etwa dem damals gewöhnlichen Brot aus Gersten- statt aus Weizenmehl. An Fasttagen mussten die Mönche selbst auf ihren abendlichen Imbiss verzichten. Columban soll sich der Überlieferung nach praktisch sein ganzes Leben von gekochtem Gemüse und Brot ernährt haben.

Die Mönche widmeten ihre Zeit dem Gebet, der Wohltätigkeit, dem Missionieren sowie der Lehre und Forschung. Im Kloster Iona übernahmen sie auch die zu ihrem Unterhalt unerlässlichen Arbeiten. Außerhalb der Klostermauern bauten sie Getreide an. Einige Brüder taten als Schmiede Dienst, andere stellten Werkzeuge und Geräte aus Glas oder Holz her oder fertigten Schuhe. Auch dem Verfassen und Kopieren heiliger Schriften widmeten sie viele Stunden.

Ihr Tag verlief in absoluter Stille. Es war den Mönchen verboten, während der Mahlzeiten zu sprechen, zur Verständigung blieb ihnen nur die Zeichensprache. Brüder von niedrigerem Rang lasen mit voller Stimme aus heiligen Texten, um die Mönche von ihren körperlichen Bedürfnissen abzulenken und den spirituellen Fragen zuzuwenden.

›Die Verdammung der Seele des Geizhalses aus Citerne‹, Sassetta (1392–1450).

Die tägliche, im Refektorium aufgetragene Ration bestand aus Brot, Eiern, Getreideprodukten und aus gekochtem Gemüse. Manchmal kamen Fisch, Meeresfrüchte, Milch aus einem nahe gelegenen Nonnenkonvent und etwas Rind-, Hammel- oder Hirschfleisch hinzu. Die Mönche züchteten offenbar auch Robben, deren Haut und Fleisch sie nutzten.

In Irland wurden die Speisen damals in großen, an schweren Ketten ins Feuer gehängten Kesseln gegart. Man füllte sie mit verschiedenem Gemüse, einem Stück Fleisch und ließ alles stundenlang vor sich hin köcheln. Diese Eintopfgerichte waren die Urahnen des späteren Irish Stew. Das Brot wurde in kegelförmigen tönernen Öfen gebacken. Der zu damaliger Zeit sehr verbreitete Honig war der Süßstoff Nummer eins, denn die Klöster besaßen Bienenstöcke, aus denen sie das Wachs für ihre Kerzen gewannen. Man sagte den Bienen heilige Kräfte nach. Der aus Honig hergestellte Hydromel war lange Zeit vor dem Bier und dem irischen Whisky ein sehr beliebtes alkoholisches Getränk.

GEMÜSESUPPE MIT BROT

Suppen waren wahrscheinlich das Hauptnahrungsmittel auf den klösterlichen Speiseplänen. Sie wurden in großen Kesseln zubereitet und enthielten in erster Linie Gemüse. An Tagen, an denen nicht gefastet wurde, reicherte man sie zur Freude der Mönche mit ein wenig Fisch oder Fleisch an, was an Fasttagen strikt verboten war.

FÜR 6 PERSONEN

- 2 Stangen Lauch
- 2 weiße Rüben
- 1 kleiner Kopf Weißkohl (500 g)
- Etwas Butter oder Schweineschmalz
- 1 l Hühnerbrühe oder Wasser
- 1 Bouquet garni
- Salz, Pfeffer
- 6 Scheiben irisches Brot (siehe unten)

♦ Die Blattspitzen und schadhaften Blätter des Lauchs entfernen. Die Stangen der Länge nach einschneiden, gründlich waschen und in feine Streifen schneiden. Die Rüben putzen und in kleine Würfel schneiden. Den Kohl putzen, vierteln, vom Strunk befreien und ebenfalls in kleine Stücke schneiden.

♦ In einer großen Kasserolle die Butter oder das Schmalz erhitzen und den Lauch darin anschwitzen, bis er weich ist. Die Rüben und den Kohl unter Rühren kurz mitschwitzen und mit der Brühe oder dem Wasser auffüllen. Das Bouquet garni einlegen, salzen, pfeffern und alles zum Kochen bringen.

♦ Die Hitze herunterstellen, die Kasserolle mit einem Deckel verschließen und das Gemüse etwa 40 Minuten sanft garen, bis es ganz weich ist.

♦ Das Brot toasten und in jede Suppenschale je eine Scheibe einlegen. Die heiße Suppe darüber schöpfen und sofort servieren.

IRISCHES GERSTENBROT

FÜR 6 PERSONEN

- 300 g Weizenmehl
- 150 g Gerstenmehl
- 2 TL Natron
- 1 TL Salz
- 50 g Zucker
- 350 ml Dickmilch oder Joghurt

Verglichen mit dem feinen Weizenbrot der Herrschenden aß man in den Klöstern gewöhnlich sehr grobes Brot, meist aus selbst angebautem Getreide. Bei diesem Rezept ersetzt Natron die Hefe. Das Brot ist noch heute in Irland verbreitet.

♦ Den Ofen auf 200 °C vorheizen. Ein flache, quadratische Kastenform von 20 × 20 cm Größe einfetten und mit Mehl ausstreuen.

♦ Die beiden Mehlsorten, das Natron, das Salz und den Zucker vermengen. Die Dickmilch oder den Joghurt untermischen und alles zu einem weichen, aber nicht mehr klebenden Teig verarbeiten. Den Teigkloß zu einem runden, 5 cm dicken Laib formen, in die Form legen und mit einem Messer ein Kreuz einritzen.

♦ Das Brot im Ofen etwa 35 Minuten backen. Es ist fertig, wenn es eine schöne Kruste hat und an einem in der Mitte eingeführten Messer keine Teigreste mehr kleben bleiben.

RINDFLEISCHRAGOUT MIT GERSTE

Das Kloster Iona bezog vom benachbarten Nonnenkonvent hin und wieder Fleisch und Milch (die Milchwirtschaft galt in Irland damals als ausschließlich weibliche Domäne). Dieses Rezept ist ein Vorläufer des später so berühmten »Irish Stew«. Das Ragout enthielt natürlich noch keine Kartoffeln, die erst im 16. Jahrhundert nach der Entdeckung Amerikas das Land eroberten. Im Mittelalter kochte man in dem Ragout häufig noch Getreidesamen oder Hülsenfrüchte in einem Passiertuch mit, so hatte man überall und zu jeder Jahreszeit ein sättigendes und billiges Gericht.

FÜR 6 PERSONEN

1,5 kg Rindfleisch (Bug oder Schulter)

1 große Zwiebel

500 ml Kalbsbrühe oder Wasser

250 ml Bier

1 kleines Petersiliensträußchen

1 Bouquet garni

250 g Gerste

Salz, Pfeffer

♦ Das Rindfleisch in große Stücke schneiden und die Zwiebel vierteln. Beides in einen Suppentopf geben und die Brühe sowie das Bier hinzugießen. Das Petersiliensträußchen und das Bouquet garni zusammenbinden und in den Topf einlegen.
♦ Alles zum Kochen bringen. Den sich an der Oberfläche absetzenden Schaum immer wieder abschöpfen.
♦ Inzwischen die Gerste gründlich abspülen und in ein Passiertuch einschlagen. Das Tuch mit Küchengarn verschnüren.
♦ Die Hitze herunterstellen. Die Brühe salzen und pfeffern. Den Gerstenbeutel in die Brühe einlegen, den Topf verschließen und alles bei milder Hitze 2–3 Stunden köcheln lassen, bis das Fleisch ganz weich ist.
♦ Den Gerstenbeutel und die Kräuter aus dem Topf nehmen, die Kräuter wegwerfen. Das Fleisch ausstechen und auf einer Platte anrichten. Die Brühe passieren, zurück in den Topf gießen und um ein Drittel einkochen lassen.
♦ Zum Servieren die Gerste aus dem Passiertuch befreien und neben dem Fleisch anrichten. Fleisch und Gerste mit der Brühe überziehen.

Der heilige Patrick. Das über England nach Irland gelangte Christentum hatte sich schnell verbreitet.

KUCHEN MIT GETROCKNETEN FRÜCHTEN

FÜR 6 PERSONEN

250 ml Honig

80 ml zerlassene Butter

3 Eier

120 ml Milch

2 TL einer Mischung aus gemahlenem Zimt, Ingwer, Kardamom und Nelkenpulver

300 g Mehl

1 TL Trockenhefe

1 TL Natron

50 g Rosinen

50 getrocknete Feigen, gehackt

50 g getrocknete Pflaumen, gehackt

50 g Haselnusskerne

50 g Mandeln

Honig, Mehl, Haselnüsse und Trockenfrüchte sind die wesentlichen Bestandteile dieses Kuchens, der an das traditionelle Gewürzbrot und den englischen Teekuchen erinnert. Kuchen auf der Basis von Mehl und Honig gab es bereits in der Küche der Römer. Man kann sich also durchaus einen Kuchen dieser Art im Irland des 6. Jahrhunderts vorstellen.

♦ Den Ofen auf 160 °C vorheizen. Eine Kastenform ausbuttern und leicht mit Mehl ausstreuen.

♦ Den Honig, die zerlassene Butter, die Eier, die Milch und die Gewürzmischung miteinander verrühren.

♦ Das Mehl mit der Trockenhefe und dem Natron vermischen und nach und nach unter die Honigmischung rühren.

♦ Die Trockenfrüchte, die Nüsse und Mandeln zugeben und sorgfältig in die Masse einarbeiten. Den fertigen Teig in die Form gießen.

♦ Den Kuchen im Ofen etwa 20 Minuten backen, bis er die Oberkante der Form erreicht hat. Die Ofentemperatur auf 180 °C heraufstellen und weiter 30 Minuten backen, bis an einem in der Mitte des Kuchens eingeführten Messer keine Teigreste mehr kleben bleiben.

♦ Den Kuchen aus dem Ofen nehmen und in der Form auf einem Rost vollständig auskühlen lassen. Nach Möglichkeit 2–3 Tage durchziehen lassen, dann schmeckt er noch besser. Dazu passen frische Früchte und Schlagsahne.

RECHTS: *›Der heilige Hugo im Refektorium‹, Zurbarán. Die Mahlzeit war einer der wenigen Momente, in denen die Mönche vereint waren.*

RECHTE SEITE: *Der heilige Benedikt mit seinen Mönchen im Refektorium des Klosters. Bei Tisch wurden mit lauter Stimme heilige Texte gelesen, um den Geist von den irdischen Freuden abzulenken.*

7. Jahrhundert

EIN MAHL IN DER ARABISCHEN WÜSTE

MENÜ

Frischer Ziegenkäse mit
Olivenöl

Hammelragout mit
Kichererbsen auf orientalische Art
Gekochter Weizen

Honig-Sesam-Konfekt
mit getrockneten Früchten

Datteltrunk

Das 7. Jahrhundert …

Im 7. Jahrhundert entstand eine neue monotheistische Religion, die in Rekordzeit weite Teile der Welt erobern und einen bleibenden Einfluss auf die Menschheitsgeschichte ausüben sollte.

Die Geburt des Islam

Der Islam wurde in der unermesslichen Weite der saudi-arabischen Wüste geboren, die vor allem von Beduinen bewohnt war. Die Nomadenstämme lebten von Getreide, Hülsenfrüchten und Produkten aus Kamel-, Esel- und Schafmilch. Im Süden der arabischen Halbinsel und entlang den Karawanenrouten vom Südosten in den Nordwesten entwickelten sich Häfen und Handelsstädte. Der Anbau von Getreide, Gemüse und Obst gedieh ebenfalls in diesen Regionen. Die städtische Bevölkerung schwelgte in verschwenderischem Nahrungsreichtum. Dank des florierenden Gewürzhandels war ihre Küche vielfältig an Aromen und Gerüchen. Waren aus China, Indien, Persien und Ostafrika erreichten die Häfen am Roten Meer und am Persischen Golf, um ihre Route auf dem Landweg nach Ägypten, Mesopotamien, Palästina, Syrien und Asien fortzusetzen. Auf dem Rückweg brachten die Karawanen andere Produkte aus diesen Ländern mit, darunter Geschirr, Öl und Früchte.

Seit grauer Vorzeit war Mekka, der Geburtsort Mohammeds, Handelsdrehscheibe und profitierte vom Zustrom der Pilger auf dem Weg zur Kaaba. Die Sippe des Propheten verdiente ihren Lebensunterhalt, indem sie sich um das bereits damals zentrale Heiligtum der arabischen Stämme kümmerte. Mohammeds erste Frau, Chadidja, hatte es zu einigem Reichtum gebracht. Sie war eine Großhändlerin, zweimal verwitwet, ihre Handelskarawanen zogen unablässig durch den Wüstensand. Sie stellte Mohammed, der als Waise zunächst bei seinem Großvater, dann bei seinem Onkel aufwuchs, als Karawanenführer ein. Er stand fünf Jahre in ihren Diensten, bevor sie ihn heiratete und ihm vier Töchter und zwei Söhne schenkte. Letztere starben jedoch sehr früh. Während der langen Jahre der religiösen Fragen und der Offenbarung Mohammeds unterstützte Chadidja ihren Mann vorbehaltlos. Mohammeds Erstgeborene wurde mit fünfzehn Jahren eine der ersten Anhängerinnen der neuen Religion, und solange sie lebte, nahm sich Mohammed keine andere Frau.

OBEN: *Lagerstätte eines Prinzen. Draußen wurde über dem offenen Feuer gekocht.*

LINKE SEITE: *Zubereitung eines Mahls: Das Fleisch schmort in einem Kessel, während die Frauen das Brot backen. Illustration aus ›Gedichte‹ von Hafiz Ash Shirazi.*

Die Speisen des Propheten

Der Prophet Mohammed litt sicherlich weder bei seinem angesehenen Onkel noch bei seiner Frau irgendeinen Mangel. Doch die religiöse Unterweisung seiner Jünger betraf auch die Gaumenfreuden. Die Pflicht der Muslime, einen Monat im Jahr vom Sonnenaufgang bis zum Sonnenuntergang zu fasten, entsprang Mohammeds Überzeugung, dass Essen vom spirituellen Leben ablenke. Dem Gläubigen ist zudem der Verzehr von Schweinefleisch, Blut, vor der Schlachtung nicht geweihtem Fleisch oder dem Fleisch eines dem Allmächtigen geopferten Tieres verboten. Mohammed untersagte auch den Genuss von Alkohol, obwohl er selbst ab und zu einen zwei Tage vergorenen Dattelwein mit geringem Alkoholgehalt trank. Diese im Vergleich zu den jüdischen Essensvorschriften noch gemäßigten Verbote erklärten sich auch aus dem Drang, sich von den Heiden zu unterscheiden, so beim Verzehr von Blut und Opfertieren. Den Wein aber verbot Mohammed fraglos, um seine Schüler vor den Gefahren der Trunksucht zu bewahren.

Das Gebot der Gastfreundschaft

Gastfreundschaft war für die Muslime geradezu eine heilige Pflicht. Man versammelte sich, auf dem Boden sitzend um ein Feuer herum, und ließ alle möglichen Speisen kreisen, von denen jeder kostete. Und mit dem unaufhörlichen Wechsel dampfender Schalen und Schüsseln begann meist einer der Tischgenossen irgendwann, von alten Legenden und großen Heldentaten zu berichten.

FRISCHER ZIEGENKÄSE MIT OLIVENÖL

Die Milch der mit den Nomaden wandernden Ziegen und Schafe war Lebensgrundlage. Die Beduinenstämme im Mittleren Osten stellen noch heute einen quarkähnlichen Käse aus dickgelegter Ziegenmilch her, den sie mit Pitabrot essen. Einige formen den Käse zu Kugeln, die sie in Öl einlegen, damit er sich länger hält.

FÜR 6 PERSONEN

8 Becher Ziegenjoghurt (je 125 g)

1/2 TL Salz

60 ml Olivenöl

1 EL geröstete Sesamsamen

1 TL einer Mischung aus gemahlener Kurkuma, Koriander und Ysop (»Zaatar«)

♦ Einen Durchschlag mit einem Passiertuch auslegen und auf eine Schüssel setzen. Den Joghurt mit dem Salz verrühren und in den Durchschlag geben. Zum Abtropfen mit dem Passiertuch abgedeckt 12 Stunden in den Kühlschrank stellen.

♦ Während des Abtropfens verwandelt sich der Joghurt in Quark. Den abgetropften Quark in eine Schüssel füllen, mit dem Olivenöl beträufeln und mit den gerösteten Sesamsamen sowie der Gewürzmischung bestreuen.

Bankett des Sultans Murad III., abgehalten zu Ehren der Beschneidung seines Sohnes.

HAMMELRAGOUT MIT KICHERERBSEN AUF ORIENTALISCHE ART

Zwar aß man in der Wüste auch Kamel- und Hühnerfleisch, das am meisten verbreitete und zubereitete Fleisch war jedoch Hammel. Kichererbsen, eine in allen arabischen Ländern sehr beliebte und zudem leicht zu transportierende Hülsenfrucht mit sehr hohem Nährwert, dienten den Karawanen als Energielieferant.

♦ Die Kichererbsen über Nacht in kaltem Wasser einweichen.
♦ Das Hammelfleisch in 3 cm große Würfel schneiden.
♦ In einem Schmortopf das Öl erhitzen. Die Zwiebeln schälen, in Ringe schneiden und in dem Öl goldgelb schwitzen.
♦ Das Fleisch zu den Zwiebeln geben, die Gewürze hinzufügen, salzen, pfeffern und alles gut miteinander verrühren. Die Hitze auf große Stufe stellen und das Fleisch unter Rühren von allen Seiten Farbe nehmen lassen.
♦ Die Rüben putzen und achteln. Mit den abgegossenen Kichererbsen zu dem Fleisch geben, alles mit Wasser bedecken und zum Kochen bringen. Die Temperatur herunterstellen und bei mäßiger Hitze etwa 1 Stunde köcheln lassen, bis das Fleisch ganz zart und das Gemüse gar ist. Darauf achten, dass Gemüse und Fleisch immer ausreichend mit Flüssigkeit bedeckt sind. Nötigenfalls etwas kochendes Wasser nachgießen.
♦ Das fertige Ragout nochmals abschmecken und mit gekochtem Weizen (Seite 66) oder Couscous servieren.

FÜR 6 PERSONEN

250 g Kichererbsen

1,5 kg Hammelschulter (ersatzweise Lammschulter)

70 ml Olivenöl

3 große Zwiebeln

1 TL gemahlene Kurkuma (Gelbwurz)

1 TL gemahlener Koriander

1 TL gemahlener Zimt

1/2 TL gemahlener Ingwer

1/4 TL Nelkenpulver

Salz, Pfeffer

2 große weiße Rüben

›Rast in der Wüste‹, Seddon.

›Arabischer Markt‹, Cruciani. Auf dem Markt wurden die von den Karawanen mitgebrachten Waren angeboten: Gewürze, Tücher, Lebensmittel …

GEKOCHTER WEIZEN

Weizen, als ganzes Korn oder mehr oder weniger stark geschrotet, wurde zu Breien verarbeitet oder als Beilage gereicht. Ägypten war damals einer der großen Weizenlieferanten Europas und des Orients.

FÜR 6 PERSONEN

500 g Weizenkörner

1 l Hühnerbrühe oder Wasser

Salz, Pfeffer

♦ Den Weizen etwa 1 Stunde in kaltem Wasser quellen lassen. Abtropfen lassen, in eine Kasserolle füllen und mit der Brühe oder dem Wasser aufgießen. Salzen und pfeffern.

♦ Den Topfinhalt bei großer Hitze zum Kochen bringen. Die Temperatur herunterstellen und den Topf verschließen. Den Weizen etwa 20 Minuten köcheln lassen, bis er weich ist und fast sämtliche Flüssigkeit absorbiert hat. Während des Garens darauf achten, dass stets ausreichend Flüssigkeit im Topf verbleibt. Im Bedarfsfall etwas kochende Brühe oder Wasser nachgießen.

HONIG-SESAM-KONFEKT MIT GETROCKNETEN FRÜCHTEN

Sesam wuchs in Asien und Afrika. Man sagte ihm die magischen Kräfte eines Glücksbringers nach (in dem berühmten Märchen gelang es Ali Baba, die Schatzhöhle mit den Worten zu öffnen: »Sesam, öffne dich!«). Trockenfrüchte waren im gesamten Orient verbreitet. Sie dienten den Nomaden als Wegzehrung.

FÜR 6 PERSONEN

250 ml Honig

300 g Sesamsamen

Etwas Öl

FÜR DEN FRÜCHTE-TELLER

Getrocknete Aprikosen, Birnen, Feigen, Datteln und Pflaumen

♦ In einer Kasserolle mit dickem Boden den Honig 3 Minuten heiß werden lassen. Einen Tropfen Honig in ein Glas kaltes Wasser fallen lassen: Erstarrt der Tropfen zu einer festen Kugel, den Honig von der Kochstelle nehmen. Wenn nicht, den Honig weiter erhitzen und den Vorgang wiederholen.

♦ Den Sesam mit dem heißen Honig vermengen. Eine 30 × 20 cm große Form mit etwas Öl ausstreichen. Die warme Honig-Sesam-Mischung hineingießen und die Oberfläche mit einem Metalllöffel glatt streichen.

♦ Sobald die Masse etwas abgekühlt, aber noch lauwarm und formbar ist, mit einem Messer Rauten vorzeichnen. Nach vollständigem Abkühlen das Konfekt entlang der vorgezeichneten Linien in Stücke zerteilen. In einem fest verschließbaren Gefäß aufbewahren.

♦ Das Honig-Sesam-Konfekt in der Mitte einer dekorativ angeordneten Auswahl an Trockenfrüchten aufschichten und servieren.

DATTELTRUNK

Kocht man frische oder getrocknete Datteln in Zuckerwasser, so erhält man einen Dattelsirup, der, mit Wasser vermischt, ein zugleich süßes wie erfrischendes Getränk ergibt.

FÜR 6 PERSONEN

250 g Datteln

1 l Wasser

100 g Zucker

♦ Die Datteln, das Wasser und den Zucker in einer Kasserolle zum Kochen bringen. Etwa 30 Minuten bei milder Hitze köcheln lassen, bis die Datteln ganz weich sind.

♦ Die Mischung über einer Schüssel in ein Sieb schütten und möglichst den gesamten Saft aus den Datteln herauspressen. Anschließend vollständig auskühlen lassen.

♦ Den Dattelsirup nach Geschmack mit kaltem Wasser auffüllen. Nach Belieben mit feinen Streifen Zitronenschale oder etwas Minze garnieren und servieren.

›Persisches Frühstück‹, Moriea. Man aß mit den Händen, wobei das Fladenbrot als Besteck diente.

8. Jahrhundert

AN DER TAFEL KARLS DES GROSSEN

MENÜ

Saubohnen mit Zwiebeln und
Schweinebauch

Rehbraten nach Art Karls des Großen
Maronenpüree

Käseplatte mit Früchten

Das 8. Jahrhundert …

Karl der Große war nicht nur Begründer der ersten schulischen Einrichtungen Europas, er war auch innovativer Erneuerer des Agrarwesens. Auf seinen zahlreichen Ländereien legte er die ersten Versuchsfelder für den Gemüse- und Obstanbau an und steigerte die Ernteerträge durch die Einführung neuer Landbaumethoden, Maßnahmen, die er übrigens in seinen Kapitularien *De Villis* niedergeschrieben hat.

Agronom und Gastronom

Der Hof Karls des Großen in Aachen, wo er sich nach vielen Jahren der Heimatlosigkeit und des Umherirrens niedergelassen hat, war ein Spiegel seiner bahnbrechenden Theorien. Man kultivierte dort eine Vielzahl von Gemüsesorten wie Zwiebeln, Knoblauch, Rüben, Rote Beten, verschiedene Kohlsorten, Zichorie und Blattsalate; Kräuter wie Minze, Petersilie und Rosmarin; Kürbis- und Melonengewächse, darunter Gartenkürbisse, Gurken und Zucchini; Getreide wie Weizen und Gerste; und Hülsenfrüchte wie Saubohnen, Kichererbsen, Erbsen und grüne Bohnen. Die Bauern im Dienste des Kaisers hielten Hühner (»mindestens einhundert«) und Enten (»mindestens dreißig«), um den Eier- und Geflügelbedarf des Hofes zu decken. Blieben Eier übrig, so wurden sie verkauft. Rinder-, Schaf- und Pferdeherden grasten auf den Weiden der Ländereien und versorgten den Hof mit Fleisch und Milch. Die Teiche quollen über mit Süßwasserfischen. Karl der Große förderte die Bienenzucht und erweckte Formen und Methoden des Landbaus, die mit den Kriegen und Eroberungen der Barbaren untergegangen waren. In den Werkstätten des Kaisers fertigten versierte Handwerker Möbel; Werkzeuge und Geräte wurden hergestellt. Andere sponnen die Wolle für des Königs Kleider.

RECHTS: *›Renaud de Montauban‹, Liedet.*

RECHTE SEITE: *›Karl der Große in Paris‹, Von Carolsfeld.*

Die Mahlzeiten glichen einem komplizierten Zeremoniell, dessen Regeln zum Teil denen des byzantinischen Reiches entlehnt waren. Zuerst wurde dem Kaiser von den Herzögen und nachgeordneten Duodezfürsten aufgetragen. Anschließend wurden die Herzöge von den Grafen und diese von den Baronen bedient, und so weiter, bis auch die letzten Gäste am Tisch endlich ihre Speisen empfingen.

Köstlichkeiten aus Wild und Käse

Jede Speise wurde von Trompeten angekündigt. Man trank auf das Wohl des Königs. Der Wein wurde in einem einzigen Glas serviert, das von Gast zu Gast wanderte und, sobald es leer war, von einem der Diener aufs Neue gefüllt wurde. Karl der Große verabscheute Trunkenheit. Er verbot das exzessive Trinken an seinem Hof und genehmigte sich selbst nie mehr als drei Gläser Wein pro Mahl. Im Übrigen bevorzugte er Cidre. In den Rezepturen jener Zeit ist vielfach von aromatisierten Weinen die Rede, die mal mit den Blütenblättern von Duftrosen, mal von Veilchen aus den königlichen Gärten parfümiert wurden. Die Gäste an der Tafel des Kaisers erschienen alle mit ihrem eigenen Messer, doch aßen und bedienten sie sich hauptsächlich mit den Händen und mit Löffeln. Vor dem Essen trank man gewürzten Wein, der als exzellenter Aperitif galt und dem man verdauungsfördernde, Energie spendende und selbst aphrodisische Eigenschaften nachsagte. Als Vorspeise gab es gekochtes Gemüse und Salat. Der Hauptgang bestand aus verschiedenen Fisch- und Fleischsorten, die in Stücke zerteilt und auf Platten, zu Pyramiden aufgeschichtet, serviert wurden. Alle Speisen waren großzügig gewürzt, und als Beilage zum Fleisch – das war eine echte Neuheit – wurden Kompotte gereicht. Auch ein Feuer spuckender, mit Federn geschmückter Pfau wurde gelegentlich aufgetragen. Am liebsten aß Karl der Große die Beute seiner eigenen Jagdzüge. Zu jedem Mahl gab es Brot, das mit Sorgfalt gebacken wurde und zum Auftunken der Fleischsaucen diente. Das Dessert bestand aus Früchten und Gebäck.

Karl der Große war berühmt für seine Essleidenschaft, besonders aber für sein Faible für Käse. Unter seiner Regentschaft begann in den Klöstern und draußen auf Landgütern nach einem geheimen Rezept die systematische Käseproduktion.

SAUBOHNEN MIT ZWIEBELN UND SCHWEINEBAUCH

FÜR 6 PERSONEN

400 g Saubohnen (enthülst), frisch oder tiefgekühlt

3 große Zwiebeln

50 g Butter

150 g luftgetrockneter Schweinebauch (z. B. Pancetta)

250 ml Fleischbrühe

1 Prise Safran

Salz, Pfeffer

In seinen Kapitularien De Villis *empfiehlt Karl der Große den Gutshöfen den extensiven Anbau von Hülsenfrüchten. An allererster Stelle rangierten darunter Saubohnen, die als wichtiger Energielieferant galten. Außerdem sprach man ihnen eine die Fruchtbarkeit fördernde Wirkung zu. Ihren Namen – Saubohne oder auch Pferdebohne – haben sie erhalten, weil die kleinsamigen Sorten als Kraftfutter für das Vieh dienten.*

♦ Die Saubohnen abspülen oder auftauen lassen. Die Zwiebeln schälen und in feine Scheiben schneiden.

♦ In einer großen Pfanne die Butter zerlassen und die Zwiebeln darin bei milder Hitze anschwitzen, ohne Farbe nehmen zu lassen. Die angeschwitzten Zwiebeln in eine Kasserolle umfüllen.

♦ Den Schweinebauch in Würfel schneiden und in derselben Pfanne bei großer Hitze von allen Seiten scharf anbraten. Zu den Zwiebeln geben.

♦ Die Saubohnen, Brühe und die Prise Safran hinzufügen und alles zum Kochen bringen. Etwa 10 Minuten lebhaft kochen lassen, bis die Saubohnen gar sind. Mit Salz und Pfeffer abschmecken.

LINKS: *Karl der Große studiert mit Alkuin. Wegen seines unbändigen Drangs nach Erkenntnis umgab sich der Herrscher mit Dichtern, Denkern und Gelehrten.*

RECHTS: *›Gesandte des Kalifen Harun ar-Raschid übergeben Karl dem Großen Geschenke‹, Jakob.*

REHBRATEN NACH ART KARLS DES GROSSEN

Es ist sicher kein Zufall, dass Taillevent, der Koch König Karls V., im 14. Jahrhundert sein Rehbratenrezept Karl dem Großen widmete, zu dessen Leidenschaften die Jagd zählte; und Wild, dessen Verzehr seine Ärzte untersagten, gehörte zu seinem Lieblingsfleisch. Zu Zeiten Karls des Großen wurde saurer Traubenmost zum Säuern der Speisen verwendet; zu Zeiten Taillevents nahm man bereits Zitronensaft.

FÜR 6 PERSONEN

1,5 kg Rehkeule

FÜR DIE MARINADE

1 Zwiebel

1 Möhre

2 Stangen Bleichsellerie

2 Knoblauchzehen

6–8 Himbeeren (wahlweise frisch, tiefgekühlt oder getrocknet)

1 EL Zitronensaft

2 EL Honig

500 ml Weißwein

150 ml Öl

1 Lorbeerblatt

1 Petersiliensträußchen

4–5 schwarze Pfefferkörner

5 Wacholderbeeren

1/4 TL Koriandersamen

♦ Das Fleisch parieren und, falls nötig, mit Küchengarn zu einem Braten verschnüren.

♦ Die Zwiebel schälen, die Möhre putzen und beides in grobe Stücke schneiden. Den Sellerie putzen und in Stücke schneiden; den Knoblauch schälen und halbieren.

♦ Die Hälfte der Gemüse in ein großes Gefäß füllen. Das Fleisch darauf legen und mit der anderen Hälfte des Gemüses bedecken. Die Himbeeren hinzufügen.

♦ Den Zitronensaft, Honig, Wein, Öl, Lorbeerblatt, Petersiliensträußchen und Gewürze vermengen und über das Fleisch und Gemüse gießen. Das Fleisch sollte vollständig bedeckt sein. Nötigenfalls noch etwas Wein und Öl hinzugießen. Das Fleisch im Kühlschrank 12 Stunden unter gelegentlichem Wenden marinieren lassen.

♦ Den Ofen auf 200 °C vorheizen. Das Fleisch aus der Marinade nehmen und sorgfältig trockentupfen. Die Möhren-, Zwiebel- und Selleriestücke ebenfalls aus der Marinade nehmen und fein hacken. Die Marinade zurückbehalten. Das Gemüse in einen Bräter legen und den Rehbraten darauf setzen. Das Fleisch im Ofen etwa 1 1/2 Stunden braten, bis es gar ist.

♦ Die Rehkeule aus dem Bräter nehmen, in Alufolie einwickeln und warm stellen. Den Jus und das Gemüse in eine Kasserolle gießen, 500 ml der Marinade zugießen und alles bei großer Hitze auf die Hälfte einkochen lassen. Abschmecken.

♦ Die Sauce durch ein feines Sieb passieren. Den Braten aufschneiden, anrichten und mit der Sauce überziehen.

MARONENPÜREE

Maronenpüree ist eine klassische Beilage zu gebratenem Wild. Kastanien waren Hunderte von Jahren vor der Kartoffel ein beliebtes Grundnahrungsmittel. Letztere kam erst mit der Entdeckung Amerikas nach Europa.

FÜR 6 PERSONEN

1 kg Maronen (Esskastanien)

Salz, Pfeffer

50 g Butter

♦ Die gewölbte Seite der Maronen kreuzweise einschneiden. Die Kastanien in einer Kasserolle mit Wasser bedecken, kurz aufkochen, von der Kochstelle nehmen und schälen, solange sie warm sind. Alternativ können Sie die eingekreuzten Maronen auch unter Zugabe von etwas Wasser im Ofen etwa 10 Minuten erhitzen.

♦ In einer Kasserolle die geschälten Maronen mit 750 ml Wasser bedecken. Salzen, pfeffern und zum Kochen bringen. Bei milder Hitze etwa 1/2 Stunde köcheln lassen, bis sie ganz weich sind.

♦ Die Maronen abseihen, dabei die Garflüssigkeit auffangen. Die Kastanien mit etwas Garflüssigkeit in der Küchenmaschine oder mit dem Pürierstab zu einem glatten Püree verarbeiten. Das Püree zurück in die Kasserolle geben.

♦ Ein wenig von der Garflüssigkeit untermengen und unter ständigem Rühren langsam zum Kochen bringen. Die Butter in Flöckchen unterziehen und weiterrühren, bis sie vollständig geschmolzen ist. Das Maronenpüree abschmecken und als Beilage zum Rehbraten servieren.

KÄSEPLATTE MIT FRÜCHTEN

RECHTE SEITE: *Fresko aus dem 15. oder 16. Jahrhundert. Kaiser Karl der Große auf dem Höhepunkt seiner Macht.*

Karl der Große war ein leidenschaftlicher Käseesser. Sein Freund Einhard, Mönch im Kloster Sankt Gallen, dem er die Leitung der kaiserlichen Bauten überließ, berichtet, dass der Kaiser bei dem Besuch einer Abtei nahe Roquefort von dem gleichnamigen Blauschimmelkäse kostete, der Spezialität des Hauses. Karl hatte seine helle Freude an dem Käse und ordnete sogleich an, dass man ihm jedes Jahr zwei Kisten davon an seinen Hof in Aachen schickte. Auch vom Reuil de Brie, »eine der wunderbarsten Speisen«, bestellte er jährlich zwei Kisten. Der Käse wurde mit frischen Früchten aus den Obstgärten des Schlosses serviert. Birnen, Äpfel und Trauben harmonieren vorzüglich mit den Aromen von Käse.

Auf seinen kulinarischen Zügen durch die Klöster, die Käse herstellten, hatte Karl der Große sicher auch Gelegenheit, Weine zu verkosten. Am Hofe in Aachen wurden sie auch zum Käsegang am Ende des Mahls, mit Blütenblättern aromatisiert und mit Honig gesüßt, serviert.

KARRVLꝰ·MĀGꝰ

9. Jahrhundert

FESTMAHL AUS TAUSENDUNDEINER NACHT

DESSERTAUSWAHL

Pfirsichkonfitüre mit Ingwer

Granatapfelkonfitüre
mit Pfeffer

Kürbiswürfel
in Kardamomsirup

Quittenpaste
mit Orangenblütenwasser

Baklava

Rosenwasserküchlein

Zitronensorbet

Zitronengetränk mit Rosenwasser
und Minze

9. Jahrhundert …

Es war zu Zeiten des Kalifen Harun ar-Raschid, dem goldenen Zeitalter des abbasidischen Kalifats, als das Küchenhandwerk seinen Platz unter den Künsten und Wissenschaften erhielt, die eine bis dahin ungekannte Blüte erlebten. Vielfalt und Erlesenheit der Speisen, duftend und aromatisch wie aus Tausendundeiner Nacht, kennzeichneten die Küche der Wohlhabenden und die üppige Tafel im Palast des Kalifen.

Am Hofe des Kalifen

Bagdad, die vom Kalifen al-Mansur errichtete »Stadt des Friedens«, war zu Zeiten des Kalifats von Harun ar-Raschid die größte, reichste und zivilisierteste Stadt im gesamten Mittleren Osten. An der Kreuzung zahlreicher Handelswege gelegen, über die Seide und Pfeffer aus China, Perlen und Edelsteine aus Indien, seltene Hölzer und Elfenbein aus Afrika, Leder und Pelze aus dem Norden, Sklaven aus aller Welt in die Stadt gelangten, schöpfte Bagdad von allen materiellen Reichtümern der Epoche.

Die arabische Küche wurde außer in den Geschichten aus »Tausendundeiner Nacht« auch in eigens der Kochkunst gewidmeten Abhandlungen, Kochbüchern und in Gedichten beschrieben.

Khamiyat, eine ausschließlich dem Wein gewidmete Versammlung, geht angeblich auf Abu Nuwas, Hofdichter des Harun ar-Raschid und bedeutendster Poet seiner Zeit, zurück. Der Kalif Moustaki (944–946) soll der Überlieferung nach an seinem Tisch einen dichterischen Wettbewerb zu einem kulinarischen Thema veranstaltet haben. In dem Kochbuch des Mohammed von Bagdad (1226) wird erstmals eine der heutigen »Moussaka« ähnlichen Speise erwähnt, eine Art Auflauf aus Auberginen und gehacktem Hammelfleisch.

Die Küche der Kalifate umfasste eine große Anzahl von Gerichten, die die unterschiedlichsten Zutaten mit großer Kennerschaft vereinten. Sie waren von außergewöhnlicher Feinheit und wurden mit aller Pracht präsentiert, ganz so, wie es die Tradition der arabischen Gastfreundschaft will. Serviert wurden die Köstlichkeiten in den prunkvollen Sälen des Palastes, die mit Blumen und Blütenblättern geschmückt waren und den Duft von Weihrauch und verschiedenen Essenzen verströmten. Musik, Tanz, akrobatische Kunststücke und Poesie begleiteten das Mahl. Die Gäste saßen auf edlen Teppichen, an seidene und lederne Kissen gelehnt, an Einzeltischen, die aus einer kupfernen oder silbernen Platte und geschnitzten Holzfüßen bestanden. Vor dem Essen pflegten die Gäste ihre Hände in Rosen- oder Zitronenwasser zu tauchen. Man aß mit der rechten Hand. Eine berühmte Geschichte aus »Tausendundeiner Nacht« erzählt von einem Mann, der seine rechte Hand verletzt hatte und nun zur großen Bestürzung seiner Gastgeber mit der linken essen musste. Die Desserts wurden in der Regel in einem anderen, prächtigen Saal eingenommen und von Wein, sirupartigen Getränken und artistischen Darbietungen begleitet.

Die arabische Küche macht wie die persische reichen Gebrauch von Gemüse, Obst und Nüssen, die aus allen Winkeln des Reiches nach Bagdad kamen. Spargel aus Damaskus war am Hofe übrigens besonders beliebt. Eine Vielzahl anderer Gemüsesorten, darunter Auberginen, Zucchini, Gurken, Blumenkohl, Spinat, Saubohnen, Kichererbsen und andere Hülsenfrüchte, bildete die Grundlage für unzählige Gemüse- und Salatgerichte. Zwiebeln, Knoblauch, Rüben und Früchte tauchten vor allem als Bestandteile von Fleischgerichten auf.

Speisen von außergewöhnlicher Raffinesse

»Sie kaufte Äpfel von reinstem Teint, Pfirsiche aus Khoullane, Jasmin, Seerosen aus Syrien, feinste Gurken, Limonen aus Marakib, Zedratzitronen der erlesensten Sorte, weiße Rosen, Basilikum, Hennablüten, frische Kamille, Levkojen, Maiglöckchen, Lilien, Anemonen, Veilchen, Hundskamille mit gelben Blütenblättern, Narzissen, Granatapfelblüten.«

Das am Hofe am meisten geschätzte Fleisch war vom Huhn, Lamm und Zicklein. Es wurde auf vielfältige Weise zubereitet, stets großzügig gewürzt und manchmal sogar mit süßen Saucen übergossen. Auch Fisch, der meist in geklärter Butter oder in Öl gebraten wurde, war ein gängiger Menü-Bestandteil.

Tausendundeine Köstlichkeit

Doch die Krönung des Genusses und den Gipfel jedes Mahles bildeten Kuchen, Naschwerk und Desserts:

»Diesmal führte die Frau ihn zu einem Trockenfrüchtehändler, wo sie die feinsten Sorten süßen und salzigen Naschwerks erstanden, unverzichtbar auf der Tafel eines jeden, der würdig zu feiern versteht: entsteinte salzige Oliven, süße, in Kalk konservierte Oliven, Estragon, Quark, Käse aus Syrien, eingelegte Gemüse, gesalzen oder ungesalzen (...), Pistazienkerne – ein knuspriger Genuss, wenn man in guter Gesellschaft trinkt –, Rosinen aus Chihb, Mandeln, getrocknete Datteln aus dem Irak, Walnussgebäck aus Baalbek, Kichererbsen aus Khazaïne ... kurz, alles, was das Herz bei einem festlichen Mahl begehrt, bei dem man mit Getränken und Speisen nicht geizt.«

Die Araber waren die Ersten, die Zuckerrohr und Karamell in reichem Maße verwendeten (Letzterer diente sogar als Enthaarungsmittel). Sie stellten zahlreiche Getränke auf der Basis von Zuckersirup her, die mit Rosenwasser, Orangen- oder Jasminblütenwasser, Fruchtsäften, Kräutern und Gewürzen aromatisiert wurden. Am Ende der Mahlzeit wurden frische Früchte, die aus den Niederungen von Euphrat und Tigris stammten, serviert. Die großen Meister der arabischen Küche waren Spezialisten im Raffinieren von Zucker. Ihre Kenntnisse reichten sie an die chinesischen Kollegen weiter, die im Gegenzug ihre arabischen Genossen in die Kunst der Sorbetzubereitung einweihten. Und schon bald tauchte das Fruchteis auf jeder Platte mit Süßigkeiten inmitten von kandierten Früchten, Konfitüren und kleinen, mit Sirup oder Honig getränkten Gebäckstücken auf.

»Dieses Mal fanden sie sich vor dem Laden eines Feinbäckers wieder, in dem die schöne Käuferin sich süße Naschereien... zusammenstellen ließ: Butter-Beignets, hauchdünne Pfannkuchen, gefüllte, mit Moschus aromatisierte Pasteten, türkischer Karamell, Mandelpastetchen mit Pistazien, Dattel-Brioche, Grießküchlein – ganz zu schweigen von den Leckereien mit den klangvollen Namen wie ›Narreteien der Mutter Sâlih‹, ›Bernsteinkämme‹, ›Finger des Zaïnab‹, ›Witwenbrot‹, ›Richter-Häppchen‹, ›kleine Himmelsschlösschen‹.« Zusammen mit den Desserts wurde auch Wein serviert, der am Hofe des Kalifen trotz des Verbotes im Koran zugelassen war:

»Sei beruhigt,
dass du in Gesundheit erblühest,
denn dieser Trank ist der beste Freund des Körpers!

Der Mensch trinkt Wein,
wenn die glühende Leidenschaft ihn peinigt;
die Freude, die ihm winkt,
ist die beste Arznei!«

Darbietungen mit Tanz, Gesang und Narreteien beendeten die kulinarischen Köstlichkeiten am Hofe des Kalifen.

Alle Zitate und Gedichte in diesem Einleitungstext stammen aus »Tausendundeine Nacht«.

OBEN: *›Gedichte, Festmahl mit Musikern‹, Hafiz Ash Shirazi. Die Bankette des Kalifen wurden in prunkvollen Sälen abgehalten mit Dichtern, Musikern, Tänzern und Sängern.*

LINKE SEITE: *Arabische Miniatur aus dem 16. Jahrhundert. Der Kalif Harun ar-Raschid war auch berühmt für seine Freude am Genuss.*

PFIRSICHKONFITÜRE MIT INGWER

Pfirsiche brauchen ein warm-gemäßigtes Klima. Sie gediehen in den Obstgärten Bagdads in Hülle und Fülle. Dieser mit Zimt und Nelken aromatisierten Konfitüre verleiht Ingwer eine zusätzlich pikante Note.

1,5 kg Pfirsiche
Saft von 2 Zitronen
25 g frischer Ingwer
1 kg Zucker
2 Zimtstangen
12 Gewürznelken

♦ Die Pfirsiche in kochendem Wasser 1 Minute blanchieren. Kalt abschrecken, enthäuten, die Steine entfernen und das Fruchtfleisch in grobe Stücke zerteilen.
♦ Die Pfirsichstücke in einem Schmortopf mit dem Zitronensaft übergießen. Den Ingwer schälen, einen Teil reiben, den Rest in sehr feine Stücke schneiden und alles zu den Pfirsichen geben.
♦ Den Zucker über die Früchte streuen, durchmischen und 1 Stunde ziehen lassen, damit sie ihren Saft abgeben.
♦ Den Topfinhalt auf großer Stufe erhitzen. Die Zimtstangen und die in ein verschnürtes Gewürzsäckchen eingeschlagenen Nelken einlegen und alles ein Weile sprudelnd kochen lassen. Dabei regelmäßig den Schaum abschöpfen. Die Hitze herunterstellen und die Masse unter gelegentlichem Umrühren etwa 1 Stunde köcheln lassen.
♦ Nach 50 Minuten eine Garprobe machen: Dazu einige Tropfen der Konfitüre auf einen kalten Teller geben und einige Sekunden warten. Sie muss leicht stocken und darf bei Neigen des Tellers nicht zerfließen.
♦ Den Topf von der Kochstelle nehmen und nochmals abschäumen. Die Konfitüre kurz abkühlen lassen und in sterile Gläser abfüllen.

Essen und Trinken nahmen am Hofe des Kalifen einen großen Raum ein. Davon zeugen auch die Geschichten aus »Tausendundeine Nacht«.

GRANATAPFELKONFITÜRE MIT PFEFFER

Diese Konfitüre aus Granatapfelsamenkernen mit Pfeffer spielt in einer Erzählung aus »Tausendundeine Nacht« eine zentrale Rolle. Dank ihrer finden sich zwei durch das Schicksal getrennte Liebende wieder.

4 Granatäpfel (etwa 1,2 kg)

500 g Zucker

1/4 TL frisch gemahlener Pfeffer (oder nach Geschmack)

♦ Die Granatäpfel in zwei Hälften schneiden und aus sieben Hälften mit der Hand oder der Zitruspresse den Saft auspressen. Sie sollten ungefähr 500 ml Saft erhalten. Bei abweichender Menge die Zuckermenge entsprechend anpassen (500 g auf 500 ml Saft).
♦ Den Saft mit dem Zucker in eine Kasserolle füllen und rasch zum Kochen bringen. Auf mittlerer Stufe etwa 25 Minuten köcheln lassen, bis die Flüssigkeit um 1/3 eingekocht ist.
♦ Inzwischen aus der verbliebenen Fruchthälfte die Samenkerne herauslösen. Das geleeartige Fruchtfleisch entfernen, die Samen blanchieren und in einer Schale beiseite stellen.
♦ Die Garprobe machen: Einen metallenen Löffel eintauchen, wieder herausziehen und einige Minuten abkühlen lassen. Die Konfitüre ist fertig, wenn sie eindickt und den Löffelrücken überzieht. Ist sie noch zu flüssig, den Garvorgang um einige Minuten verlängern.
♦ Die ganzen Granatapfelsamenkerne sorgfältig unter die Konfitüre rühren. 3–5 Minuten kochen lassen und von der Kochstelle nehmen. Den Pfeffer einstreuen und gründlich verrühren.
♦ Die noch heiße Konfitüre in sterile Gläser füllen und luftdicht verschließen. Die Samenkerne steigen nun langsam wieder an die Oberfläche. Damit sie sich gleichmäßig in der Konfitüre verteilen, die Gläser umdrehen, sobald die Konfitüre fast kalt ist. Nachdem sie gänzlich ausgekühlt ist, die Gläser erneut wenden.

KÜRBISWÜRFEL IN KARDAMOMSIRUP

Desserts auf der Grundlage von Kürbissen waren in der Türkei sehr verbreitet. Die kandierten Fruchtstückchen sind von einem wunderbar leuchtenden Orange.

1 kg Gartenkürbis
800 g Zucker
Einige Kardamomkapseln
50 ml Zitronensaft

♦ Den Kürbis in 1 1/2 cm große Würfel schneiden.
♦ In einer Kasserolle den Zucker mit 2 Gläsern Wasser zum Kochen bringen. Umrühren, bis sich der Zucker vollständig aufgelöst hat und der Sirup klar ist.
♦ Die Kardamomkapseln aufschlitzen und die Samen herauslösen. Die Samen und die Kürbiswürfel in den Sirup einrühren und bei milder Hitze etwa 1 Stunde sanft garen, bis das Kürbisfleisch glasig wird.
♦ Den Zitronensaft zugießen und 1 weitere Minute köcheln lassen. Von der Kochstelle nehmen und in sterile Gläser füllen. Die Kürbiswürfel müssen vollständig mit dem Sirup bedeckt sein.

›Frühstück in Kairo‹, Lewis. Die Küche des Kalifen zeichnete sich vor allem durch ihre süßen Köstlichkeiten aus, die mit einer Vielzahl verschiedener Früchte und Nüsse hergestellt wurden.

QUITTENPASTE MIT ORANGENBLÜTENWASSER

Quitten kamen aus der Türkei nach Bagdad und wurden zu Süßwaren verarbeitet.

1 kg Quitten

Saft von 1 Zitrone

1 kg Zucker

3–4 Tropfen Orangenblütenextrakt

♦ Die Quitten abspülen, achteln und mit Schale und Kernen in eine Kasserolle füllen.
♦ Den Zitronensaft zugießen und mit so viel Wasser auffüllen, dass die Früchte bedeckt sind. Auf großer Stufe zum Kochen bringen.
♦ Die Temperatur herunterstellen, den Topf mit einem Deckel nicht ganz verschließen und etwa 1 Stunde köcheln lassen, bis die Quitten weich sind. Darauf achten, dass die Früchte stets fast mit Flüssigkeit bedeckt sind. Im Bedarfsfall etwas kochendes Wasser zugießen.
♦ Die Früchte aus der Garflüssigkeit nehmen und durch ein Passiergerät drehen. Von Zeit zu Zeit etwas Flüssigkeit zugeben, sodass Sie eine kompakte Masse von 1¼ Liter erhalten.
♦ Das Fruchtpüree in eine andere Kasserolle füllen. Den Zucker einstreuen und bei milder Hitze zum Kochen bringen. Die Temperatur noch weiter herunterstellen und die Masse etwa 2 Stunden unter gelegentlichem Umrühren einköcheln lassen. Verwenden Sie zum Rühren einen langstieligen Holzlöffel, da die kochende Masse spritzen kann. Die Paste ist fertig, wenn sie von sehr dunkler Farbe ist, sich leicht vom Topf löst und »trocken« scheint. Von der Kochstelle nehmen, 1–2 Minuten stehen lassen und sorgfältig den Orangenblütenextrakt unterrühren.
♦ Ein große Form mit 35 cm Kantenlänge leicht einfetten. Die Quittenpaste einfüllen, glatt streichen und vollständig auskühlen lassen.
♦ Die Oberfläche mit Zucker bestreuen, die Paste in nicht zu große Würfel oder Rauten schneiden und zum Aufbewahren lagenweise in ein verschließbares Gefäß schichten.

Der Sultan und sein Gefolge. Der Duft erlesener Blütenessenzen durchströmte bei orientalischen Festmahlen die Luft.

BAKLAVA

Dieses Gebäck ist in allen Ländern des Mittleren Ostens und der arabischen Welt verbreitet. Es wird mit Filoteigplatten hergestellt, die in türkischen oder griechischen Lebensmittelgeschäften erhältlich sind. Ersatzweise können Sie auch tiefgekühlten Blätterteig verwenden.

FÜR 6 PERSONEN

FÜR DEN SIRUP

200 g Zucker
100 ml Honig
200 ml Wasser
1 EL Zitronensaft
1/2 TL Rosenwasser

FÜR DIE TEIGSCHICHTEN

500 g Filoteig
200 g zerlassene Butter

FÜR DIE FÜLLUNG

200 g enthäutete Haselnusskerne
200 g enthäutete Pistazien
1 EL gemahlener Zimt
1/2 TL gemahlener Kardamom
1/4 TL Nelkenpulver
50 g Zucker

♦ Zunächst den Sirup zubereiten. Dazu den Zucker, Honig und das Wasser zum Kochen bringen und 1 Minute kochen lassen. Den Zitronensaft und das Rosenwasser zugießen und 1 weitere Minute kochen lassen. Den Sirup im Kühlschrank auskühlen lassen.
♦ Den Ofen auf 180 °C vorheizen. Eine rechteckige Form von 25 × 35 cm sorgfältig mit Butter ausstreichen. Die Form mit 1/3 des Filoteigs in Lagen zu je 3 Blättern auslegen. Die Teigplatten nötigenfalls auf die passende Form und Größe zurechtschneiden.
♦ Für die Füllung sämtliche Zutaten vermengen. Die Hälfte der Mischung auf den Teigplatten in der Form verteilen und mit einer weiteren dreilagigen Teigschicht bedecken. Die restliche Füllung darauf verteilen und mit einer letzten dreilagigen Teigschicht abschließen.
♦ Die oberste Teigschicht bis zur Füllung zu Vierecken oder Rauten einschneiden. Die zerlassene Butter vorsichtig und gleichmäßig darüber träufeln, sodass sie das gesamte Gebäck durchtränkt.
♦ Im Ofen in etwa 45 Minuten goldgelb backen. Die Baklava aus dem Ofen nehmen und sofort mit dem kalten Sirup tränken. Vor dem Servieren vollständig auskühlen lassen.

Scheherezade erzählt dem Sultan Geschichten voller verführerischer Beschreibungen.

VARIANTE MIT BLÄTTERTEIG

Sollten Sie keinen Filoteig finden, können Sie auch 400 g Blätterteig und 50 g zerlassene Butter verwenden. Den Teig halbieren und jede Hälfte in Formgröße ausrollen. Die Form mit einem Teigrechteck auslegen, die Füllung darauf verteilen und die Hälfte der Butter darüber träufeln. Mit der zweiten Teighälfte bedecken, Vierecke oder Rauten einschneiden und mit der restlichen Butter beträufeln. Im Ofen etwa 45 Minuten backen und anschließend mit dem Sirup übergießen.

RECHTE SEITE:
Haremsszene, Auszug aus dem ›Königbuch‹, Ferdausi, 17. Jahrhundert. Die Ehefrauen des Kalifen, deren Zahl in die Hunderte ging, wohnten gesondert und genossen den gleichen Luxus und Müßiggang wie der Kalif.

ROSENWASSERKÜCHLEIN

Zu den Glanzlichtern der arabischen Feinbäckerei gehören unzählige Versionen kleiner, mit allen möglichen Nüssen gefüllter Gebäcksorten. Rosenwasser – stark verdünntes Rosenöl – ist eine unverzichtbare, duftende Aromazutat in den Süßspeisen des Vorderen Orients.

ERGIBT 25 STÜCK

400 g Mehl

200 g Butter

50 ml Rosenwasser

FÜR DIE FÜLLUNG

75 g Walnusskerne

25 g Pistazien

1 EL Zucker

1/2 TL gemahlener Zimt

Puderzucker zum Bestäuben

♦ Den Ofen auf 200 °C vorheizen. Das Mehl in eine Schüssel sieben. Die Butter würfeln, auf dem Mehl verteilen und alles zu einem krümeligen Teig verarbeiten. Das Rosenwasser zugießen und einen glatten Teig kneten.

♦ Für die Füllung die Walnüsse und Pistazien in der Küchenmaschine oder mit dem Stabmixer grob zerkleinern. Den Zucker und den Zimt hinzufügen und gründlich vermengen.

♦ Aus dem Teig walnussgroße Kugeln formen und mit der Hand zu Kreisen flach drücken. In die Mitte jedes Teigkreises jeweils 1/2 Teelöffel der Füllung setzen und die Teigränder darüber zusammenschlagen. Die Teigpakete erneut zu Kugeln formen und auf ein Backblech setzen.

♦ Die gefüllten Küchlein mit den Zinken einer Gabel mit einem dekorativen Muster versehen und im Ofen etwa 20 Minuten backen. Ihre Farbe sollte hell bleiben.

♦ Die Küchlein aus dem Ofen nehmen und auf einem Kuchengitter abkühlen lassen. Anschließend mit Puderzucker bestäuben.

LINKS UND RECHTE SEITE: *Trotz des Verbots im Koran wurden die Bankette des Harun ar-Raschid mit Wein begossen; die Dichter widmeten ihm sogar ganze Oden.*

ZITRONENSORBET

Die Chinesen erfanden die Sorbets, doch die Araber, eingeweiht in das Geheimnis der Zubereitung, erhoben sie zur kulinarischen Kunstform, die sie im gesamten Westen verbreiteten.

FÜR 6 PERSONEN

500 ml Wasser

300 g Zucker

250 ml Zitronensaft

1 Eiweiß

Abgeriebene Schale von 1 unbehandelten Zitrone

♦ Das Wasser mit dem Zucker aufkochen und so lange kochen lassen, bis sich der Zucker vollständig aufgelöst hat. Den Sirup von der Kochstelle nehmen und den Zitronensaft einrühren. Ganz abkühlen lassen.

♦ Die Flüssigkeit in eine Eismaschine (Sorbitière) gießen, das Gerät einschalten. Das Eiweiß leicht schaumig schlagen.

♦ Sobald das Sorbet fest zu werden beginnt, das Eiweiß und die Zitronenschale unterziehen. Die Eismaschine wieder einschalten und das Sorbet fertig stellen.

ZITRONENGETRÄNK MIT ROSENWASSER UND MINZE

Aromatisierte und mit Eis gekühlte Erfrischungsgetränke waren unverzichtbarer Bestandteil eines jeden Mahles und begleiteten jedes Dessert.

FÜR 6 PERSONEN

200 g Zucker

250 ml Wasser

Saft von 1 Zitrone

50 ml Rosenwasser

2–3 Tropfen Minzeextrakt

♦ Den Zucker und das Wasser zum Kochen bringen. Den Zitronensaft zugießen und 5 Minuten kochen lassen.

♦ Das Rosenwasser und den Minzeextrakt einrühren und 1 weitere Minute kochen lassen. Von der Kochstelle nehmen.

♦ Den Sirup vollständig auskühlen lassen. Zum Servieren je nach Geschmack mit Wasser und Eiswürfeln auffüllen. Die Karaffe mit den Zitronenscheiben, Minzeblättchen und Rosenblütenblättern dekorieren.

FÜR DIE DEKORATION

Einige dünne Zitronenscheiben

Einige frische Minzeblättchen

Einige unbehandelte Blütenblätter von Duftrosen

10. Jahrhundert

HOCHZEITSMAHL AM RUSSISCHEN HOF

MENÜ

Kaviar auf russischem Brot

Borschtsch mit Roter Bete

Lachs mit Meerrettich und Dill

Kascha mit Waldpilzen

Quarkspeise »Pas'cha«

Das 10. Jahrhundert …

Wladimir, Prinz von Kiew, war der letzte heidnische Souverän Europas. 988 konvertierte er zum christlichen Glauben und trieb die Christianisierung Russlands voran. Sein Volk und seine Gefolgschaft ließen sich an einem einzigen Tag nahe einem Nebenfluss des Dnjepr zu Tausenden taufen. Dieses Ereignis, eine Bedingung des Kaisers von Byzanz für die Vermählung seiner Schwester Anna mit Wladimir, ging als »Taufe Russlands« in die Geschichte ein.

Der Hochzeit gingen lange Verhandlungen voraus. Die byzantinischen Kaiser Basileios II. und Konstantin VII. waren damit beschäftigt, das Reich gegen den unaufhörlichen Ansturm barbarischer Stämme zu verteidigen und innenpolitische Aufstände einzudämmen. Also baten sie den russischen Prinzen um Hilfe. Sie versprachen Wladimir ihre Schwester Anna zur Frau, wenn dieser im Gegenzug eine in Kleinasien ausgebrochene Revolte niederschlug. Da die byzantinischen Kaiser Otto II. die Heirat ihrer Schwester abgeschlagen hatten, konnte Anna nun als Verhandlungsobjekt gegenüber einem anderen Souverän dienen.

Wladimir, geschmeichelt durch die Aussicht, königliches Blut zu heiraten, machte sich sogleich an die Niederschlagung des Aufstandes. Doch die Kaiser von Byzanz machten keine Anstalten, ihr Versprechen einzulösen. Stattdessen verlangten sie zusätzlich Wladimirs Übertritt zum Christentum, bevor er die Schöne erhalten sollte.

Eine Kreuzung der Religionen und Küchen

Wladimir war ein unerbittlicher Kämpfer, der seinen Titel als Prinz von Kiew im Kampf gegen einen seiner Brüder und durch die Tötung seines ältesten Bruders erlangt hatte. Doch war er auch ein weitsichtiger Staatsmann. In ganz Mittel- und Osteuropa hatten sich bereits monotheistische Religionen ausgebreitet, und Wladimir wusste, dass auch er früher oder später einen Glauben für sein Volk auswählen musste. Zur leichteren Entscheidung lud er Repräsentanten der verschiedenen Glaubensgemeinschaften ein, die ihm die Vorzüge ihrer Religion gegenüber den anderen erklären sollten. Der in Bulgarien bereits fest etablierte Islam fand wegen der Beschneidung und des Alkoholverbots bei Wladimir keinen Gefallen. Das Judentum fand wegen der zahlreichen Nahrungsbeschränkungen und des in alle Welt verstreuten auserwählten Volkes ebenfalls nicht seinen Beifall. Auch für die harten Fastenzeiten der römischen Kirche konnte sich Wladimir nicht begeistern. Die orthodoxe byzantinische Kirche überzeugte ihn hingegen sowohl in religiöser als auch in politischer Hinsicht. Seine Großmutter Olga hatte sich schon seit langem dem Christentum angeschlossen. Er war beeindruckt von den Zeremonien, von der Beschreibung der prachtvollen Kirche Hagia Sophia in Konstantinopel und von der Tatsache, dass es seiner Gefolgschaft keine Schwierigkeiten bereiten würde, ihre Bräuche und heidnischen Praktiken gegen das Flitterwerk des neuen Glaubens einzutauschen.

Doch nach seinem Bekenntnis zum Christentum musste Wladimir den byzantinischen Kaisern noch drohen, bis jene ihm endlich die versprochene Braut schickten. Hochzeit und Glaubenseintritt bescherten dem Prinzen von Kiew unmittelbare Vorteile: als »kaiserlicher Bruder« gehörte er nun zur Familie der europäischen Monarchen und war dem Frankenkönig fortan im Rang ebenbürtig. Er erhielt die Krone und die roten Schuhe – Insignien der Königswürde. Und als die Kaiser von Byzanz seinen Forderungen nach religiöser Unabhängigkeit nicht nachgeben wollten, rief Wladimir kurzerhand eine neue Religion ins Leben: die russische Orthodoxie.

Die Kirche brachte zahlreiche geistige und spirituelle Güter wie die Literatur, die Künste und das Schulwesen ins Land. Aus historischer Sicht markierten Wladimirs Konvertierung und Hochzeit eine Etappe, in der sich die russische, slawische und skandinavische Kultur mit der byzantinischen vermischte.

Die blutsverwandten slawischen und skandinavischen Völker entwickelten eine Mischform ihrer Küchen. Die slawischen Beiträge aus Gerste, Roter Bete, Kohl und Waldprodukten wie Pilzen, Nüssen, Wild und Honig wurden ergänzt durch Fisch, Räucherfleisch, saure Sahne und alkoholische Getränke skandinavischer Provenienz. Das byzantinische Element fand in der Fülle und Präsentation der Speisen seinen Ausdruck sowie durch die Vorliebe für Produkte wie Kaviar, Hammel, Buchweizen und getrocknete oder kandierte Früchte.

In Russland trank man viel Wein und eine Art Roggenbier, das Kwass. Wodka, aus Getreide und nicht aus Kartoffeln hergestellt, eroberte das Land erst im 14. Jahrhundert.

LINKE SEITE: *Taufe Wladimirs, Prinz von Kiew, in Kherson im Jahre 988.*

UNTEN: *Wladimir heiratet Anna, Schwester der Kaiser von Byzanz, und übt sich in deren Lebensstil.*

KAVIAR AUF RUSSISCHEM BROT MIT SAURER SAHNE

Kaviar gab es schon in der Antike und war ursprünglich ein Arme-Leute-Essen. Er wurde auch zu Zeiten Karls des Großen erwähnt und scheint besonders im Byzanz des 10. Jahrhunderts sehr beliebt gewesen zu sein. Russisches Brot galt schon immer als sehr schmackhaft. Es ist mit Roggenbrot vergleichbar und lässt sich durch dieses ersetzen.

♦ Den Kaviar in einer Schale anrichten und auf ein Eisbett setzen.
♦ Das Brot und die glatt gerührte saure Sahne separat dazu reichen.

FÜR 6 PERSONEN

6 Scheiben russisches Brot

60 g Kaviar

1 l saure Sahne

›Die Tochter des Zaren besucht einen Nonnenkonvent‹, Surikow (1848–1916).

BORSCHTSCH MIT ROTER BETE

FÜR 6 PERSONEN

2 EL Schweineschmalz oder Butter

1 große Zwiebel, gehackt

1 kleiner Kopf Weißkohl (etwa 500 g)

500 g Rote Bete

3–4 Markknochen (vom Rind oder Kalb)

1 TL ganze Pfefferkörner (in einem Gewürztuch)

Salz

1 Bouquet garni

ZUM SERVIEREN

1 Becher saure Sahne

Rote Bete und Kohl gehörten lange vor dem Siegeszug der Kartoffel zu den Hauptgemüsesorten in Mittel- und Osteuropa. Rote Bete verlieh den einfachsten Speisen eine kräftige rote Farbe und eine leicht süßliche Note.

♦ In einem großen Topf das Schweineschmalz oder die Butter zerlassen und die Zwiebel bei milder Hitze darin anschwitzen.
♦ Inzwischen den Kohl in Streifen schneiden. Die Roten Beten putzen und je nach Größe achteln oder vierteln. Das Gemüse mit den Markknochen zu den Zwiebeln geben und kurz mitschwitzen. Die Pfefferkörner und das Salz einstreuen, das Bouquet garni einlegen und alles mit Wasser bedecken.
♦ Den Topfinhalt zum Kochen bringen, die Temperatur herunterstellen, den Topf zur Hälfte mit einem Deckel verschließen und das Gericht etwa 2 Stunden köcheln lassen. Gelegentlich den Schaum abschöpfen. Zum Servieren den Borschtsch in tiefe Teller schöpfen und in die Mitte je 1 Esslöffel saure Sahne setzen.

LACHS MIT MEERRETTICH UND DILL

Der Fisch auf Russlands Tafeln stammte aus Skandinavien; der Meerrettich war eine der am meisten verbreiteten Wurzeln in ganz Osteuropa.

♦ Den Lachs von innen und außen sorgfältig waschen und gründlich trockentupfen. Mit einigen Tropfen Zitronensaft beträufeln und innen und außen salzen und pfeffern.

♦ Den Ofen auf 180 °C vorheizen. Den Fisch in eine ausreichend große, ofenfeste Form setzen und mit dem Wein und der Milch umgießen. Die Dillzweige auf dem Fisch verteilen und alles mit der zerlassenen Butter übergießen. Den Lachs im Ofen etwa 45 Minuten garen.

♦ Nach der Hälfte der Garzeit den Lachs wenden. Zur Garprobe mit einem Messer entlang der Rückengräte einschneiden. Der Fisch ist gar, wenn das Rückgrat nicht mehr rot ist.

♦ Während der Fisch gart, die Sauce zubereiten. Dazu den Meerrettich putzen und fein hacken oder reiben. Die restlichen Zutaten hinzufügen und sorgfältig vermengen.

♦ Den fertigen Lachs aus dem Ofen nehmen und die Haut von der einen Seite entfernen. Den Fisch umdrehen und auch die andere Seite von der Haut befreien. Den Fisch auf einer Servierplatte anrichten und mit der Sauce und etwas frischem Dill servieren.

FÜR 6 PERSONEN

1 ganzer Lachs (etwa 2 kg)

Saft von 1 Zitrone

Salz, weißer Pfeffer

500 ml Weißwein

500 ml Milch

4 Zweige Dill

50 g zerlassene Butter

FÜR DIE SAUCE

1 Meerrettichwurzel

2 EL Zitronensaft

500 ml saure Sahne

1 TL Zucker

Salz

ZUM GARNIEREN

Etwas Dill

Nordischer Lachs, ein fester Posten in der russischen Küche.

KASCHA MIT WALDPILZEN

FÜR 6 PERSONEN

- 2 mittelgroße Zwiebeln
- 40 g Butter oder Schweineschmalz
- 250 g Waldpilze
- 350 g Buchweizen
- 2 TL Salz
- Pfeffer

Kascha ist eine Buchweizengrütze, und Buchweizen gehörte zu den gängigsten Getreidesorten in Osteuropa. Pilze wuchsen in den Wäldern in derartiger Fülle, dass man sie praktisch nur aufsammeln musste. Ihres einzigartigen Aromas wegen wurden sie bei den unterschiedlichsten Zubereitungen verwendet.

♦ Die Zwiebeln hacken und in einer großen Kasserolle in Butter oder Schweineschmalz leicht anschwitzen.

♦ Die Pilze putzen, hacken und kurz mitschwitzen, bis sie etwas weich werden. Den Buchweizen hinzufügen und etwa 3 cm hoch mit Wasser bedecken. Salzen und pfeffern.

♦ Auf großer Stufe zum Kochen bringen, die Temperatur herunterstellen und die Grütze zugedeckt bei milder Hitze etwa 30 Minuten köcheln lassen. Während des Garens darauf achten, dass genügend Flüssigkeit im Topf ist. Nötigenfalls etwas kochendes Wasser zugießen.

RECHTE SEITE:
Refektorium in einem östlichen Kloster. Prinz Wladimir schwor dem Heidentum ab und gründete die russisch-orthodoxe Kirche.

QUARKSPEISE »PAS'CHA«

FÜR 6 PERSONEN

- 150 ml Honig (oder 200 g Zucker)
- 2 Eigelbe
- 750 g Quark (40 % Fett)
- 150 ml saure Sahne
- 50 g enthäutete Mandeln, gehackt
- 50 g Orangeat, gehackt
- 50 g Sultaninen, gehackt

FÜR DIE DEKORATION

- Kandierte Kumquats, Kirschen und Engelwurzstängel

Dieses russische Dessert versinnbildlicht vielleicht am besten die Verschmelzung von slawischer Delikatesse und byzantinischer Pracht. Zum Süßen des damals sehr verbreiteten Quarks wurde Honig verwendet, der als Folge der florierenden Bienenzucht in großen Mengen in den Wäldern geerntet wurde. Die getrockneten und kandierten Früchte, mit denen sich die »Pas'cha« wunderbar dekorieren lässt, entstammen der byzantinischen Tradition. Falls Sie keine pyramidenförmige, unten abgeflachte und mit Löchern versehene Form zur Verfügung haben, können Sie ebenso gut einen sterilisierten hohen Blumentopf oder ein großes Spitzsieb verwenden.

♦ Den Honig oder Zucker mit den Eigelben verrühren und auf dem nicht zu heißen Wasserbad zu einer hellen, dickcremigen Masse schlagen. Vom Wasserbad nehmen, kalt schlagen und den sehr gut abgetropften Quark sowie die saure Sahne sorgfältig unterrühren. Die restlichen Zutaten gleichmäßig einarbeiten.

♦ Die mit Löchern versehene Pyramidenform, den Blumentopf oder das Spitzsieb mit einem Passiertuch so auskleiden, dass die Ränder überlappen. Die Form auf eine Schüssel setzen und die Quarkmischung einfüllen. Die Tuchränder überschlagen, einen Teller darauf platzieren und mit einem Gewicht (beispielsweise einem Stein oder einem Keramikgefäß) beschweren.

♦ Den Quark mindestens 12 Stunden in den Kühlschrank stellen.

♦ Das Gewicht und den Teller abnehmen und das Tuch abdecken. Den Quark mit der Form auf eine Servierplatte stürzen. Die Form und das Passiertuch entfernen und die Quarkpyramide mit den kandierten Früchten dekorieren.

11. Jahrhundert

DELIKATES AUS NIPPON

MENÜ

Eingelegtes Gemüse

Misosuppe

Gegrillter Goldbrassen
Weißer Reis

Früchte auf zerstoßenem Eis

Das 11. Jahrhundert …

Die Stadt Heiankyo, das heutige Kioto, wurde 794 für die japanischen Kaiser erbaut. Über tausend Jahre diente sie als Hauptstadt des Reiches und wichtigste kaiserliche Residenz. Die ruhmreiche Epoche der Stadt von 794–1185, die als Heian-Zeit in die Geschichte einging, war von lange währendem Frieden und einer kulturellen Blüte gekennzeichnet. Mit Fujiwara no Michinaga, dem mächtigsten Regenten aus dem Adelsgeschlecht der Fujiwaras, erlebte die Heian-Periode ihren glanzvollen Höhepunkt.
Der Schönheitssinn des Buddhismus, der als Religion gegenüber dem traditionellen Glauben des Shintoismus zunehmend an Bedeutung gewann, war der bestimmende Wert in der Heian-Zivilisation. Die Ästhetik, die guten Manieren und die Regeln des chevaleresken Benehmens erreichten Europa erst in der Renaissance. Auch in den Ernährungsgewohnheiten manifestierten sich diese Unterschiede. Während die reichen Europäer im Mittelalter stolz auf ihren Überfluss und unmäßiges Würzen waren, zeichnete sich die japanische Küche durch Minimalismus, Delikatesse und Schlichtheit aus.

Das Gebot des guten Geschmacks

Die Literatur aus jener Epoche enthält kaum Betrachtungen zu den damaligen kulinarischen Vorlieben und Bräuchen der Japaner, sodass die Vermutung nahe liegt, dass Küche und Ernährung ganz gewöhnliche Dinge waren. Die wenigen bekannten Details aber verraten, dass sich die japanische Küche in der Heian-Zeit vom chinesischen Einfluss befreit hatte und ihr Augenmerk hauptsächlich auf die wirkungsvolle Darreichung der Speisen legte. Der optische Eindruck war von herausragender Bedeutung; die für die chinesische Küche charakteristische Vielfalt und Komplexität waren verschwunden.

Die Speisen wurden auf kleinen, mobilen Tischchen (Daiban) – eine Art befußte Tabletts – serviert und jedem Gast zur Seite gestellt. Große Tafeln, wie

Ein Raucher und seine Dienerin beim Zeremoniell des Teetrinkens.

die am kaiserlichen Hofe Chinas, wurden nur zu ganz besonderen Feierlichkeiten verwendet. Die Gäste saßen zu ebener Erde auf Matten und Polstern. Die Tabletttischchen waren mit Geschirr aus Silber, glasierter Keramik und lackiertem Holz bestückt. Die Speisen wurden um eine Pyramide aus Reis herum platziert und mit dem Löffel oder Stäbchen gegessen, mussten also zuvor mundgerecht zerteilt werden. In den meisten Adelsfamilien gab es täglich zwei Mahlzeiten, eine gegen zehn Uhr am Morgen und eine zweite um vier Uhr am Nachmittag.

Die Entdeckung von Reis und Tee

Das Hauptnahrungsmittel der japanischen Bevölkerung war der Reis, der seit den ersten Jahrhunderten unserer Zeitrechnung aus China importiert wurde. Zu weißem Reis, der ausschließlich von den Reichen entweder gedämpft, als Brei oder in kuchenähnlichen Zubereitungen gegessen wurde, reichte man Algen, gekochte und eingelegte Gemüse, unter denen Radieschen, Auberginen und Möhren mit Zwiebeln und Knoblauch zu den gängigsten zählten. Man aß auch Früchte und Nüsse – naturbelassen oder als Zutaten in Kuchen und anderem Backwerk. Im Sommer kühlte der Adel seine Getränke mit Eis, das in speziellen Kammern konserviert wurde. Es gab auch eine Art Sorbet, hergestellt auf der Grundlage von Fruchtsäften und Eiswürfeln. Die wichtigsten Eiweißlieferanten waren Fisch und Meeresfrüchte, die in Wasser gekocht, im Ofen gegart oder in Essig und Salz eingelegt wurden. Fleisch blieb wegen der Speisevorschriften des Buddhismus meist die Ausnahme, Wildgeflügel galt sogar als absolute Luxusspeise. Milch und Milchprodukte waren praktisch nicht existent. Tofu, der Sojakäse, wurde als eigenständiges Gericht oder als Zutat in verschiedenen Zubereitungen verwendet, ebenso wie Miso, eine fermentierte Sojapaste aus Sojabohnen, Salz, Reis und Wasser. Würze verliehen vor allem fermentierte Sojabohnen, Ingwer und Rettich. Mehl aus Weizen und Buchweizen diente der Herstellung von Teigwaren. Zum Essen trank man hauptsächlich Wasser. Tee, der erst im 9. Jahrhundert nach Japan kam, galt vor allem als Heilmittel.

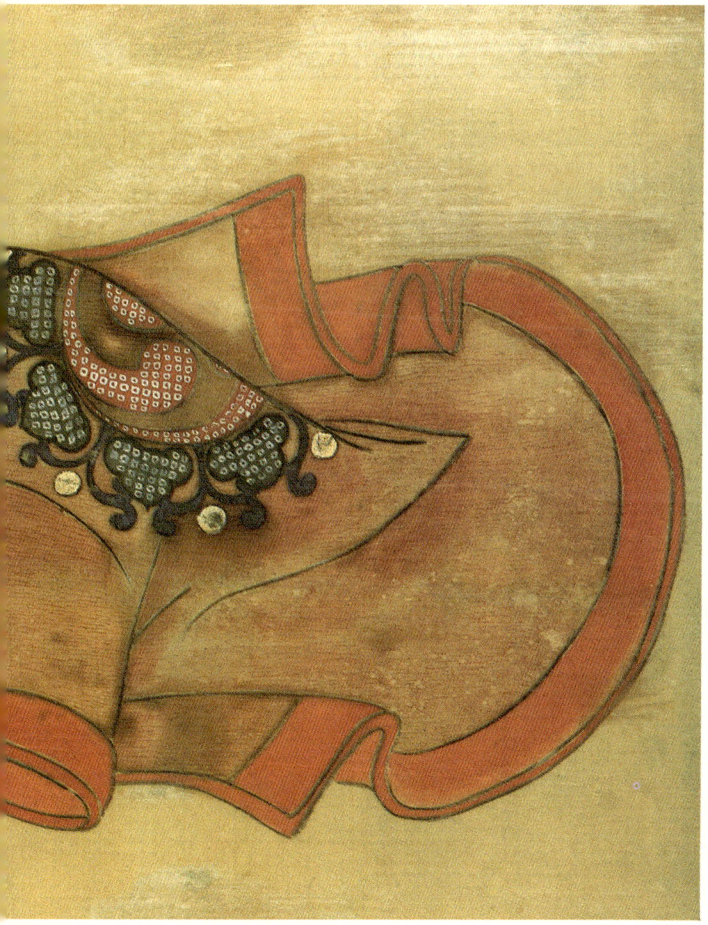

Der Überlieferung nach traf man sich in Adelskreisen häufig zu Weinabenden, bei denen auch Süßigkeiten und Früchte serviert wurden. Während man trank, nahmen die Gäste an verschiedenen Spielen und Wettbewerben teil. Das Dichten und Aufsagen von Versen war besonders populär.

Die Japaner der Heian-Zeit feierten über das ganze Jahr Feste, Festivals und religiöse Zeremonien. Jedes Ereignis wurde von besonderen Speisen begleitet. Zum »Ball des Lächelns« zogen viele zum Picknicken aufs Land; zum Neujahrsfest überbrachte man dem Kaiser Weine, die dem Regenten ein langes Leben garantieren sollten; aber auch Radieschen, Melonen, Gebäck und andere knusprige Speisen, die die kaiserlichen Zähne kräftigen sollten, wurden dargereicht. Zum »Fest der Chrysanthemen« im neunten Monat des Jahres wurden Schalen mit Wein und Blütenblättern aufgetragen, und dem Kaiser servierte man eine Forelle. Die großen Ereignisse im Leben eines Menschen wurden stets mit einer ganz bestimmten Speise begangen: So erhielt zum Beispiel ein junges Ehepaar drei Tage nach seiner Hochzeit als Symbol für ihre Vereinigung einen Reiskuchen.

EINGELEGTES GEMÜSE

FÜR 6 PERSONEN

1 mittelgroße Aubergine

1 Chinakohl

2 Möhren

1 Daikon-Rettich

FÜR DIE MARINADE

500 ml weißer Essig

150 ml Reiswein (Sake)

2 EL Zucker

2 TL Salz

ZUM SERVIEREN

Etwas Sojasauce

Zu Reis und Sautiertem wurde immer eingelegtes Gemüse gereicht. Dieses Rezept lässt sich durch weitere Gemüsesorten, beispielsweise gedämpften Kürbis oder weiße Rüben, ergänzen.

♦ Die Aubergine waschen, Stielansatz entfernen und das Fruchtfleisch in Würfel schneiden. In einer Kasserolle in wenig Wasser dämpfen, bis die Würfel etwas weich geworden sind. Abgießen und abtropfen lassen.

♦ Den Chinakohl in feine Streifen schneiden. Die Möhren schälen und in Scheiben oder kleine Stifte schneiden. Den Rettich schälen und zunächst in Scheiben, dann in feine Streifen schneiden.

♦ Das vorbereitete Gemüse in eine Schüssel geben. Sämtliche Zutaten für die Marinade sorgfältig vermengen und über das Gemüse gießen. Das Gemüse mit einem Brettchen oder flachen Deckel abdecken und mit einem Gewicht beschweren, damit es vollständig mit der Marinade bedeckt ist. An einem kühlen Ort mindestens 24 Stunden marinieren lassen.

♦ Vor dem Servieren das Gemüse abtropfen lassen und mit etwas Sojasauce abrunden.

RECHTE SEITE:
›Eine Dienerin gießt Wasser für den Tee in einen Kessel‹, Harunobu.

MISOSUPPE

FÜR 6 PERSONEN

30 g kleine getrocknete Fische (»nibushi«)

25 g getrocknete Algen (»combo« oder »vikam«)

5 EL Misopaste

100 g Tofu, in Würfel geschnitten

2 EL Zucker

Etwas Schnittlauch

Miso, eine Paste aus fermentierten Sojabohnen, dient noch heute als Grundlage für zahlreiche japanische Suppen und Saucen.

♦ Die getrockneten Fische in eine Kasserolle legen, 1 Liter Wasser zugießen und zum Kochen bringen. 5 Minuten kochen lassen, die Brühe durch ein feines Sieb in eine saubere Kasserolle abseihen. Die Fische wegwerfen.

♦ Die Algen in einer Schüssel mit Wasser bedecken und etwa 10 Minuten quellen lassen, bis sie ihre ursprüngliche Beschaffenheit zurückgewonnen haben.

♦ Die Misopaste in 3–4 Esslöffel Brühe in einer kleinen Schüssel anrühren.

♦ Die Brühe bis knapp unter den Siedepunkt erhitzen und die angerührte Misopaste zufügen. Sorgfältig verrühren und die Hitze wieder herunterstellen. Algen und Tofu zugeben und fast zum Kochen bringen. Mit dem Zucker abschmecken.

♦ Den Schnittlauch in feine Ringe schneiden. Die Suppe von der Kochstelle nehmen und den Schnittlauch erst kurz vor dem Servieren darüber streuen.

休所

GEGRILLTER GOLDBRASSEN

FÜR 6 PERSONEN

6 kleine Goldbrassen (je 350 g)

Salz

2 Knoblauchzehen (nach Belieben)

ZUM SERVIEREN

Shoyu (japanisch für Sojasauce)

Der Goldbrassen (tai) galt damals als Fisch der Könige. Dieses Rezept ähnelt in seiner Einfachheit der Zubereitung aus der Heian-Zeit und betont den natürlichen Eigengeschmack des Fisches. Knoblauch, der in der damaligen Zeit erstmals aus Korea eingeführt wurde, erfreute sich schnell großer Beliebtheit.

♦ Die Fische ausnehmen, innen und außen gründlich waschen und trockentupfen.

♦ Die Fische entlang der Rückengräte schräg mit 3–4 Einschnitten versehen. Die Bauchhöhle und die Haut mit Salz bestreuen. Den Knoblauch, falls verwendet, zerdrücken und die Bauchhöhle der Fische damit einreiben.

♦ Die Fische auf einen Holzkohlegrill oder unter den Backofengrill legen. Von beiden Seiten je 5 Minuten grillen, bis die Haut knusprig ist, aber nicht zu dunkel wird oder gar verbrennt, und sich das Fleisch mit einer Gabel zerteilen lässt.

♦ Den Fisch sofort servieren und Shoyu separat dazu reichen.

WEISSER REIS

Reis kam seit dem 4. Jahrhundert von China aus nach Japan und entwickelte sich rasch zum Hauptnahrungsmittel der breiten Bevölkerung. Die Küche der Heian-Epoche kannte verschiedene Sorten in den unterschiedlichsten Zubereitungen. Die Armen aßen ungeschälten Reis, während der weiße Reis den Reichen vorbehalten blieb. Reis war die Grundlage jeder Mahlzeit. Japanischer Reis ist kurzkörnig und enthält sehr viel Stärke.

♦ Den Reis in einem Sieb unter fließendem Wasser gründlich abspülen, bis er glasig ist. Über einer Kasserolle oder einer Schüssel vollständig abtropfen lassen.

♦ Den Reis in einer Kasserolle mit dem kalten Wasser bedecken und rasch zum Kochen bringen. Die Hitze auf kleinste Stufe stellen, den Topf mit einem Deckel verschließen und den Reis ungefähr 20 Minuten quellen lassen.

♦ Den Reis von der Kochstelle nehmen und 10 Minuten ruhen lassen. Sie können den Reis auch mit folgender Mischung würzen: 50 ml Reisessig, 1 Teelöffel Salz und 1 Teelöffel Zucker.

Mit Essig gewürzter Reis wurde zu dem berühmten Sushi serviert, das einige Jahrhunderte später von China aus nach Japan kam. In der Heian-Periode wurde noch kein roher Fisch gegessen.

FÜR 6 PERSONEN

350 g japanischer Reis

650 ml Wasser

FRÜCHTE AUF ZERSTOSSENEM EIS

Die japanische Dichterin Sei Shonagon spricht in ihrem Buch von »Eisklümpchen, vermischt mit Fruchtsaft, in Silberschalen serviert«. Die Chinesen, Erfinder der Eismaschine, verrieten den Japanern das Geheimnis der Konservierung von Eis, das sie in speziellen Kammern aufbewahrten und zum Kühlen von Getränken und anderen Lebensmitteln während der heißen Sommermonate verwendeten.

FÜR 6 PERSONEN

250 g Kirschen

3 Pfirsiche

3 Aprikosen

100 g geschälte Walnüsse

Saft von 3 Orangen

Zucker nach Geschmack

50 ml Reiswein (Sake)

Zerstoßenes Eis

♦ Die Kirschen, Pfirsiche und Aprikosen entsteinen. Pfirsiche und Aprikosen in Stücke schneiden und sämtliche Früchte in eine Schüssel geben. Die Walnüsse hinzufügen.

♦ Den Orangensaft mit dem Zucker und dem Reiswein verrühren. Die Mischung über die Früchte gießen und gut vermengen. Kalt stellen.

♦ Zum Servieren etwas zerstoßenes Eis in die Schalen füllen und den Fruchtsalat darauf anrichten.

LINKE SEITE: *Picknick-Koffer. Japanische Haushalte hatten wenig Mobiliar. Gebrauchsgegenstände wurden in reich verzierten Holzkästchen aufbewahrt.*

12. Jahrhundert

EIN BANKETT DER KREUZRITTER

MENÜ

Gemüsesuppe mit Lauch und Mandelmilch

Kaninchen in süßsaurer Sauce
Erbsenpüree

Feigenröllchen mit Honig

Das 12. Jahrhundert …

Wie in ganz Europa hatte auch in England die Kirche einen bestimmenden Einfluss auf das Alltagsleben und die Ernährungsgewohnheiten. Quer durch alle sozialen Schichten beachtete man ihre Fastenvorschriften und enthielt sich drei Tage in der Woche (Mittwoch, Freitag und Samstag) sowie während der christlichen Fastenzeit des Fleisches. Klöster mit großen Ländereien spezialisierten sich häufig auf die Landwirtschaft. Die Mönche betrieben Rinderzucht, Milchwirtschaft, Getreide- und Weinanbau – ökonomische Aktivitäten, die ihnen beträchtliche Einkünfte eintrugen. Die der Kirche zugehörigen Gebäude wurden manchmal reichen Reisenden als Herberge angeboten. Große Küchen, in denen geschulte Köche Dienst taten, gehörten schon bald zur Standardausstattung.

Die Achtung der Etikette

Die Unterschiede zwischen der Ernährung des gemeinen Volkes und des Adels blieben wie in den Jahrhunderten zuvor beträchtlich. Erstere ernährten sich vornehmlich von Brot oder Breien, selbst angebautem Gemüse und Käse, der, wenn er frisch war, auch »weißes Fleisch« genannt wurde. Fleisch und Fisch kamen ausschließlich in konservierter Form während der Wintermonate auf den Tisch. All jene, die in irgendeiner Weise von der Kirche abhingen, kannten keinen Hunger; und jene, die dem Hof eines Königs oder Lords angehörten, waren gleichfalls gut versorgt. Selbst die Leibeigenen und Arbeiter der fürstlichen Güter hatten genug zu essen.

Die Bankette der Könige und der Aristokratie gehorchten einer stets gleich bleibenden Etikette. Das gesamte Hauspersonal war mit ihrer Ausrichtung beschäftigt, und die Zahl der Gäste konnte mühelos die Hundert übersteigen. Zuerst wurde dem König oder dem Hausherrn und den Adeligen serviert. Die anderen Gäste saßen in der Ordnung ihrer gesellschaftlichen Bedeutung an langen Tischen und wurden entsprechend bedient. Hohe Gäste hatten ein Anrecht auf wenigstens sechs Speisen, niedere Ränge auf drei, Ranglose auf nur ein bis zwei.

Die Festmahle wurden im großen Saal des Schlosses oder Herrenhauses abgehalten, sie begannen wochentags am frühen Nachmittag und an Feiertagen gegen fünf oder sechs Uhr am Nachmittag, um möglichst lange vom Tageslicht zu profitieren. Die Ehrentafel befand sich am Ende des Saals entlang der Stirnseite, die mit großen Tüchern oder prachtvollen Wandteppichen behängt waren. Die anderen Tische waren im rechten Winkel zur Ehrentafel über die gesamte Länge des Saals aufgestellt und mit strahlend weißen Tüchern bedeckt. Die Ehrentafel zierte ein besonders prachtvolles Tischtuch. Auf der Haupttafel standen die Gläser, Teller, Messer, Löffel und die prächtigen Salzfässchen aus Gold oder Silber. Die übrigen Tafeln empfingen die großen Schüsseln mit saucenhaltigen Speisen und Breien, die für jeweils vier Gäste bemessen waren. Jeder bekam eine große Scheibe trockenes Brot, das als Teller diente. Vor dem Mahl wusch man sich die Hände und sprach ein Gebet. Dann hielt der Gastgeber eine kurze Ansprache und eröffnete das Bankett, indem er etwas Salz verstreute. Jeder Gang wurde von Spielmännern, Sängern und Musikanten angekündigt. Ihr Rolle war wie die der Hofnarren, die Gäste während des viele Stunden andauernden Mahls zu zerstreuen und die Wartezeit zwischen den Gängen zu verkürzen.

Nicht gekannte Vielfalt

Das Menü eines Festmahls in einem wohlhabenden Haus bestand aus mehreren Vorspeisen, einem Hauptgang und verschiedenen Desserts. Nicht die Raffinesse der Küche stand dabei im Vordergrund, sondern die Qualität der Zutaten und die Menge der Speisen. Eine große Attraktion waren die Zwischengerichte, aus Zucker oder Teig modellierte Speisen, die in Form einer Parade an der hohen Tafel aufgetragen wurden. Zwar aß man mit den Fingern, doch die guten Manieren verboten es, mit einer schmutzigen Hand in die Schüsseln zu greifen, sich während des Essens zu kratzen und mit vollem Mund zu sprechen. Auf keinen Fall durfte man die Brotscheibe, die als Unterlage diente, essen. Sie wurde am Ende des Mahls mit den anderen Resten eingesammelt und an die bereits vor der Tür wartenden Armen verteilt oder dem Federvieh zum Fraß vorgeworfen.

Das englische Menü war dem kontinentalen ähnlich, besonders nach der Eroberung der Insel durch die Normannen im 11. Jahrhundert. Sie verliehen der eher einfallslosen angelsächsischen Küche eine neue Vielfalt, indem sie Gewürze, Kräuter, Gemüse und sogar Kaninchen mit auf die Insel brachten. Die Reichen bevorzugten Fleisch: Huhn, Rind, Hammel und Wild. Schwein, das als Fleisch der Armen galt, war in ihrer Gunst das Schlusslicht. Besonders geschätzt wurde Wildgeflügel aller Art. An Fasttagen aß man Fisch und Gemüse. Der große Fischbedarf markierte den Beginn des Meeresfischimports; auch Geflügel und Flusstiere wurden dem Fisch zugerechnet, ebenso auch der damals sehr beliebte Biber.

Man trank entweder Wein aus Frankreich, mit Wasser verdünnt oder mit Stärke eingedickt, oder Bier, dessen Rezeptur aus Deutschland stammte. Die Kreuzzüge bereicherten die gesamte europäische Küche mit Zucker und Gewürzen, besonders aber die englische. Beides waren Symbole des Reichtums und den weniger gut gestellten Schichten bis dato praktisch unbekannt. Die Kreuzritter brachten das Zuckerrohr mit, doch der daraus gewonnene Zucker war teuer und knapp und wurde nur sehr sparsam zum Würzen der Speisen eingesetzt.

LINKE SEITE: *Fliesenmalerei, Richard I. Löwenherz und Sultan Saladin im Kampf im Heiligen Land.*

UNTEN: *Richard II. zu Tisch mit den Herzögen von York, Gloucester und Irland. Einige Speisen bestanden aus von den Kreuzrittern mitgebrachten Köstlichkeiten.*

GEMÜSESUPPE MIT LAUCH UND MANDELMILCH

Im Mittelalter galt in Europa die Suppe als typisch englische Speise. Diese Version stammt aus einer englischen Rezeptsammlung des 14. und 15. Jahrhunderts, die sich aber über die Art des Gemüses ausschweigt. Geeignet sind Spinat, Mangold oder ein anderes Blattgemüse. Die Mandelmilch diente zum Binden der Speisen und wurde manchmal mit Reismehl versetzt.

FÜR 6 PERSONEN

500 g Lauch

40 g Schweineschmalz oder Butter

1 kg Spinat

2–3 Zweige Thymian

2–3 Zweige Oregano

1 Bund Petersilie

125 g gemahlene Mandeln

Salz, Pfeffer

$\frac{1}{2}$ TL geriebene Muskatnuss

♦ Das dunkle Grün vom Lauch entfernen und den Rest in feine Ringe schneiden. In einer Kasserolle das Fett erhitzen und den Lauch darin bei milder Hitze anschwitzen, bis er weich wird. Zwei Esslöffel entnehmen und als Garnitur zurückbehalten.

♦ Den Spinat gründlich waschen, die Stiele und dicken Blattrippen entfernen. Den Thymian, Oregano und die Petersilie abspülen und die Blätter abzupfen. Spinat und Kräuter mit $1\frac{1}{2}$ Liter Wasser zum Lauch geben und zum Kochen bringen. Die Hitze herunterstellen und das Gemüse etwa 15 Minuten köcheln lassen, bis es weich ist.

♦ Inzwischen die Mandeln in einer Schüssel mit 250 ml kochendem Wasser übergießen.

♦ Sobald das Gemüse gar ist, den Topf von der Kochstelle nehmen und die Suppe etwas abkühlen lassen. Im Mixer oder in der Küchenmaschine pürieren, zurück in die Kasserolle gießen und erneut zum Kochen bringen.

♦ Die durch ein Tuch ausgepresste Mandelmilch gründlich unterrühren. Nach Geschmack mit Salz, Pfeffer und Muskatnuss würzen. Die Suppe weitere 10 Minuten köcheln lassen und servieren. Mit den Lauchringen garnieren.

ANMERKUNG

Ist die Suppe zu flüssig, so können Sie sie mit 2 Esslöffeln Reisstärke (oder mit Maisstärke, die im Mittelalter noch nicht bekannt war!), aufgelöst in 50 ml Wasser, binden. Die angerührte Stärke einfach in die kochende Suppe gießen und so lange rühren, bis sie die gewünschte Konsistenz hat.

KANINCHEN IN SÜSSSAURER SAUCE

Die Normannen brachten die Kaninchen mit nach England, wo sie sich rasend schnell vermehrten. Wild wurde quer durch alle sozialen Schichten gegessen. Doch während sich die Reichen an Wildschwein und Hirschkuh delektierten, reichte es bei den Ärmeren nur zu Kaninchen. Im Mittelalter war geriebenes trockenes Weißbrot das gängigste Mittel zum Binden von Saucen.

FÜR 6 PERSONEN

1,5 kg schieres Kaninchenfleisch

50 g Schweineschmalz oder Butter

2 große Zwiebeln, gehackt

Salz, Pfeffer

250 ml Weißwein

2 EL Semmelbrösel

50 ml Weißweinessig

1 EL Honig

1/2 TL gemahlener Ingwer

1/4 TL gemahlener Zimt

♦ Das Kaninchenfleisch abspülen, mit Küchenkrepp sorgfältig trockentupfen und in mundgerechte Streifen schneiden. In einer Kasserolle das Fett erhitzen und das Fleisch von allen Seiten Farbe nehmen lassen. Die Zwiebeln zugeben und unter beständigem Wenden einige Minuten mitschwitzen.

♦ Das Fleisch salzen und pfeffern; den Wein und so viel Wasser zugießen, dass das Fleisch fast vollständig mit Flüssigkeit bedeckt ist. Langsam zum Kochen bringen und die Hitze wieder herunterstellen. Die Kasserolle mit einem Deckel schließen und das Fleisch bei milder Hitze sanft garen, es soll zart bleiben.

♦ Das Fleisch ausstechen und in einer Schüssel warm stellen.

♦ Die Semmelbrösel mit dem Essig verrühren und unter die Sauce mengen. Sobald die Sauce bindet, den Honig und die Gewürze sorgfältig einrühren. Die Sauce noch einige Minuten unter Rühren kochen lassen. Abschmecken und das Kaninchenfleisch mit der Sauce übergießen.

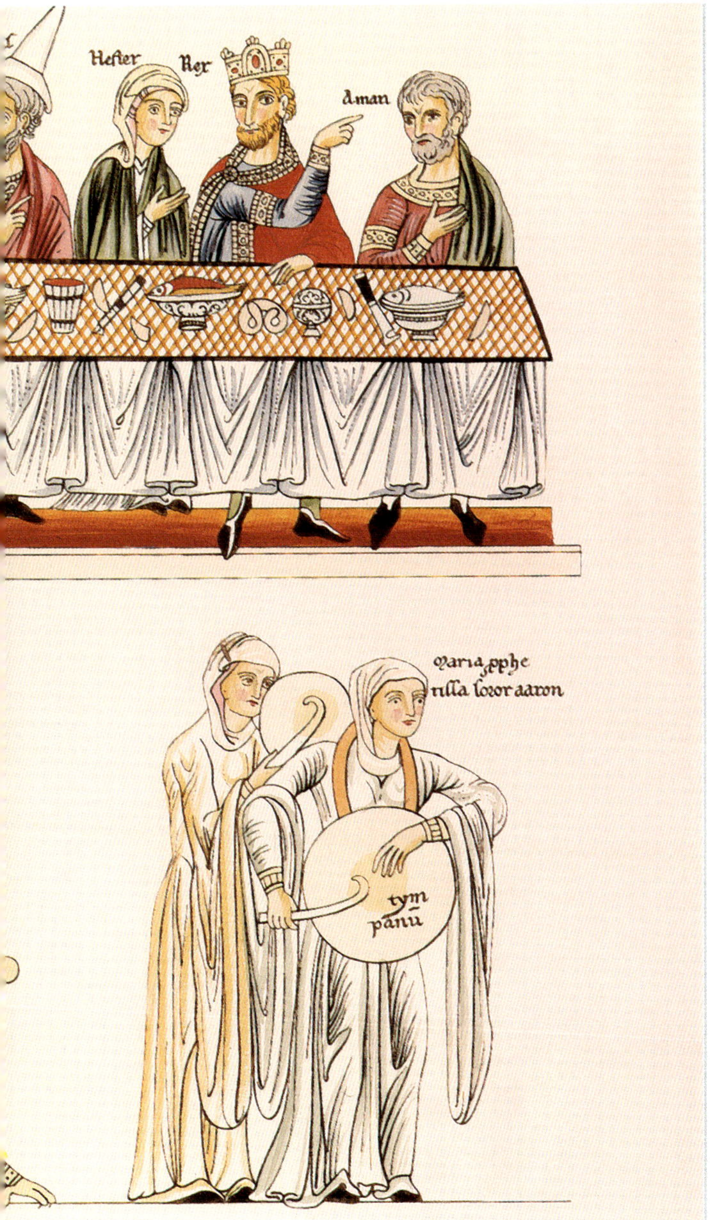

›Hortus deliciarium‹, Herrad von Landsperg. Im Garten der Köstlichkeiten geraten die Tafelfreuden nicht in Vergessenheit.

ERBSENPÜREE

Hülsenfrüchte, besonders getrocknete grüne Erbsen, dienten zum Absorbieren des überschüssigen Salzes bei Speisen aus eingesalzenem Fleisch oder Fisch. Die Erbsen wurden in ein Mulltuch eingeschlagen und in die Garflüssigkeit des Kessels gelegt, wo sie stundenlang vor sich hin köchelten. Das Püree, das dabei entstand, wurde als Beilage gereicht oder zum Eindicken der Sauce verwendet.

FÜR 6 PERSONEN

250 g getrocknete grüne Erbsen

750 ml Rinder- oder Hühnerbrühe

Salz, Pfeffer

1 Prise geriebene Muskatnuss

♦ Die Erbsen über Nacht in Wasser einweichen.
♦ Das Einweichwasser abgießen. Die Erbsen in einer Kasserolle mit der Brühe bedecken und zum Kochen bringen. Etwa 1 1/2 Stunden bei milder Hitze garen, bis die Erbsen ganz weich sind.
♦ Die Erbsen mit Salz, Pfeffer und Muskatnuss abschmecken.

RECHTE SEITE:
Miniatur aus ›Vom Leben der heiligen Radegunde‹. Radegunde sitzt an der Tafel des Frankenkönigs Chlothar I.

FEIGENRÖLLCHEN MIT HONIG

Das Originalrezept aus dem Mittelalter, das unserer Version dieses Gebäcks zugrunde liegt, ist vermutlich ein direkter Abkömmling der Kreuzzüge, denn die köstlichen, kleinen Küchlein erinnern sehr an arabisches Feingebäck. Damals (und auch heute noch) bereitete man hauchdünn ausgebackene Teigblätter zu, die man sehr gut durch Filoteig ersetzen kann. Gewöhnlich werden die Röllchen in Öl ausgebacken, also frittiert, doch auch im Ofen gelingen sie ganz hervorragend.

ERGIBT 20 STÜCK

100 g getrocknete Feigen

25 g geschälte Pistazien

1/4 EL gemahlener Zimt

1 Prise Nelkenpulver

1 Prise gemahlener Ingwer

150 ml Honig

3 Blätter Filoteig

75 g zerlassene Butter

♦ Die Feigen mit kochendem Wasser übergießen und so lange quellen lassen, bis sie ganz weich sind. Anschließend fein hacken.
♦ Die gehackten Feigen mit den Pistazienkernen, den Gewürzen und 1 Esslöffel Honig vermengen.
♦ Ein Filoteigblatt ausbreiten, mit zerlassener Butter bestreichen und in der Mitte zusammenfalten. Das Teigblatt je nach gewünschter Größe in 7–10 cm breite und 12–15 cm lange Streifen schneiden.
♦ Den Ofen auf 180 °C vorheizen. Auf jeden Teigstreifen 1/2–1 Teelöffel der vorbereiteten Farce häufen und gleichmäßig verstreichen. Die Streifen fest aufrollen und auf ein Backblech legen. Mit der restlichen Butter bestreichen. Mit den anderen beiden Teigblättern ebenso verfahren.
♦ Die Feigenröllchen im Ofen in etwa 15 Minuten goldgelb backen. Mit dem restlichen Honig beträufeln und warm oder kalt servieren.

13. Jahrhundert

DIE ALLIANZEN DES MARCO POLO

MENÜ

Ravioli mit Käse
und Gewürzen

Ente à l’orange
Gebratene Reisnudeln

Zimteis

Knuspergebäck

Das 13. Jahrhundert …

Marco Polo, Sohn venezianischer Kaufleute, verließ seine Heimatstadt im Alter von sechzehn Jahren zusammen mit seinem Vater und seinem Onkel. Erst nach vier Jahren erreichten sie China. Marco besaß alle Eigenschaften eines Abenteurers: Neugier, einen offenen Geist und eine einzigartige Beobachtungsgabe. Diese offenkundigen Qualitäten überzeugten auch den mongolischen Großkhan Kubilai, in dessen Diensten Marco Polo während seines gesamten fünfzehn Jahre dauernden Chinaaufenthalts stand. Die Erlebnisse und Eindrücke dieser Zeit schrieb der junge Venezianer nach der Rückkehr in seine Heimat, inhaftiert im Genueser Gefängnis, nieder.

China, Land der »Wunder«

Marco Polo beschreibt auf sehr lebendige Weise die großen Unterschiede zwischen den Bräuchen, Traditionen und Kulturen seiner Geburtsstadt und den fernen Ländern Asiens. Dinge, die ihn besonders beeindrucken, nennt er »Wunder«. Seine ausdrucksstarken Texte vermitteln ein präzises Bild vom China der damaligen Zeit. Marco erzählt von Banketten mit bis zu vierzigtausend Gästen neben den ohnehin schon zahlreichen Mitgliedern am Hofe des Kaisers. Er berichtet über sonderbare Bräuche (zum Beispiel die besondere Art, eine Tür zu durchschreiten), über die Sitzordnung (Männer und Frauen getrennt) und über das kostbare Geschirr, das es in seinem Heimatland zu jener Zeit noch nicht gab.

Der geheimnisvolle Ursprung der Pasta

Die Herkunft der Pasta ist ungewiss. Einige behaupten, dass bereits die Etrusker lange vor dem römischen Zeitalter Nudeln herstellten. Zwar ist das formell nicht bewiesen, Fakt ist aber, dass bereits das Kochbuch des Apicius Rezepte zu Lasagne enthielt. Runde Teigplatten gab es ab dem 12. Jahrhundert oder noch früher in den arabischen Ländern und in Indien. Die Ausbreitung der Pasta bis nach China und Italien kam kaum überraschend, schließlich ist ihre

Marco Polo entstammte einer Kaufmannsfamilie, die Handel mit dem Fernen Osten trieb.

Herstellung aus den allseits verfügbaren Grundzutaten Getreide und Wasser denkbar einfach und erfordert keinen Ofen.

Das irrtümlich Marco Polo zugesprochene Verdienst, die Pasta nach Italien gebracht zu haben, ist wahrscheinlich eine Fehlinterpretation: In seinem Buch heißt es, er habe die Nudeln in China »entdeckt«. Tatsächlich war wohl gemeint, er habe »entdeckt«, dass die Chinesen Nudeln essen »wie bei uns zu Hause«. Was Marco Polo wohl aber tatsächlich verblüffte, war, dass die chinesische Pasta nicht nur aus Weizen, sondern auch aus Reis-, Sojamehl und anderen Hülsenfrüchten hergestellt wurde.

Das chinesische Pendant zu den Tortellini, die *wontons*, gab es zu Zeiten Marco Polos in China bereits. Die gefüllten Teigtaschen wurden in Wasser gekocht oder gedämpft und waren bei den Lebensmittelhändlern in Kubilai erhältlich. Garküchen, Teehäuser und Stände mit Nudelgerichten und anderen Speisen prosperierten dort an allen Ecken und lockten die vielen Handelsreisenden aus aller Herren Länder. Hangzhou besaß mehr als zehn Märkte. Voller Verwunderung beschreibt Marco Polo den Fischmarkt, auf dem sich die Waren zu Bergen auftürmen, um in nicht einmal vier Stunden restlos zu verschwinden.

Zu Zeiten Marco Polos war Venedig eine bedeutende Seemacht. Der große Expeditionsreisende stellte fest, dass die Hauptstadt des Khans Kubilai seiner Heimatstadt ähnelte.

Eine Küche voller Exotik und Besonderheiten

Grundnahrungsmittel Nummer eins war natürlich der Reis in seiner ganzen Vielfalt, darunter rosa Reis, gelber Reis, Winterreis und Bruchreis. Sogar Mehl und Wein wurden aus Reis hergestellt. Marco Polo erwähnt in seinen Texten auch alle erdenklichen Gewürze. Erstaunt berichtet er, dass die Tartaren als Zehrung auf ihren Reisen und Kriegszügen lediglich eine spezielle Teigware aus getrockneter Milch mitführten, deren Herstellung er folgendermaßen beschrieb: Die Milch wurde gekocht, entrahmt und anschließend in der Sonne getrocknet, bis sie sich in eine Art Pfannkuchen verwandelt hatte. Jeden Tag füllten sie davon eine geringe Menge mit etwas Wasser in Lederbeutel, die sie an ihre Pferde banden. Durch die Bewegung des Pferdes vermischten sich beide Zutaten, sodass allmählich ein Brei entstand, der dann als Grundlage für alle möglichen Speisen diente. Man aß ein dem Kaninchen verwandtes Tier, aber auch Pferde, Kamele und sogar Hunde.

Bankette in China umfassten eine enorme Anzahl unterschiedlicher Gerichte: zehn verschiedene Suppen, zig Fleisch-, Geflügel-, Fisch- und Meeresfrüchtegerichte, mehr als zwanzig Gemüsegerichte und ein Dutzend verschiedener Reisspeisen. Hinzu kamen zahllose Desserts und Früchte sowie alle erdenklichen Getränke von Wein bis zu eisgekühlten Fruchtsirups. Während man in Europa also das Augenmerk mehr auf Fülle denn auf Vielfalt lenkte, zeichnete sich ein chinesisches Festmahl durch seinen schier grenzenlosen Abwechslungsreichtum aus. Doch nicht alles war essbar. Reste wurden zu rein dekorativen Zwecken an für die Gäste unerreichbaren Stellen auf den Tischen arrangiert. Grundgedanke der Speisenvielfalt war nicht, von allem zu kosten, sondern auswählen zu können, was einem gefiel. Dieses Marco Polo gewidmete Menü vereint die zwei kulinarischen Welten Chinas und Venedigs.

RAVIOLI MIT KÄSE UND GEWÜRZEN

FÜR 6 PERSONEN

FÜR DEN NUDELTEIG

200 g Mehl

50 g Hartweizengrieß

½ TL Salz

1 Ei, verschlagen

Etwa 100 ml Wasser

FÜR DIE FÜLLUNG

250 g Schweinefleisch, gegart

½ Hühnerbrust, gegart

50 g geriebener Parmesan

100 g Mozzarella, zerkleinert

1 EL frische Kräuter (Basilikum, Petersilie, Oregano), fein gehackt

Salz, Pfeffer

1 Prise Nelkenpulver

1 Prise gemahlener Ingwer

AUSSERDEM

1½ l Hühnerbrühe

1 Prise Safran

2 EL Reismehl

Dieses Ravioli-Rezept stammt von dem berühmten Koch Martino, inspiriert aus dem 15. Jahrhundert. Für die Füllung empfiehlt er eine Mischung aus Schweine- und Hühnerfleisch (vergleichbar der Farce, die für die chinesischen wontons *verwendet wird), räumt aber ein, dass man ebenso gut Reste anderer Fleischsorten verarbeiten kann. Martino servierte die Ravioli nach seinem Rezept ohne Sauce, stattdessen aber mit geriebenem Käse und etwas Zucker, Zimt und Nelkenpulver.*

Ankunft der Portugiesen in Japan und Löschen der Ladung. Paravent ›Namban byobu‹.

♦ Für den Teig das Mehl, den Grieß und das Salz in einer großen Schüssel vermengen. In die Mitte eine Mulde drücken und das Ei hineingeben. Die Zutaten (zunächst mit einer Gabel) von innen nach außen unter allmählicher Zugabe des Wassers zu einem glatten Teig verarbeiten.

♦ Den Teig auf der leicht mit Mehl bestäubten Arbeitsfläche weitere 5 Minuten durchwirken, bis er weich und geschmeidig ist. Die Teigkugel zurück in die Schüssel legen, mit einem Tuch bedecken und etwa 30 Minuten ruhen lassen.

♦ Für die Füllung das Fleisch im Mixer oder Fleischwolf zerkleinern. Die Farce in eine Schüssel füllen, die restlichen Zutaten hinzufügen und sorgfältig vermengen.

♦ Den Teig so dünn wie möglich zu zwei Platten ausrollen. Eine Teigplatte mit Wasser bepinseln und in regelmäßigen Abständen je ½ Teelöffel der Füllung darauf setzen. Die zweite Teigplatte auflegen und in den Zwischenräumen fest andrücken. Mit dem Messer oder einem Teigrädchen die Ravioli zwischen den Häufchen ausschneiden.

♦ Eine Platte leicht mit Grieß oder Mehl bestäuben. Die Ravioli darauf legen und etwa 2 Stunden trocknen lassen.

♦ Die Hühnerbrühe zum Kochen bringen und den Safran einrühren. Die Ravioli in die kochende Brühe gleiten lassen und etwa 7 Minuten garen, bis sie weich sind. Darauf achten, dass sie nicht verkochen.

♦ Die Ravioli kurz abtropfen lassen und in einer gut vorgewärmten Schüssel zugedeckt warm stellen. In einer Kasserolle ¾ Liter der Brühe zum Kochen bringen. Das Reismehl in etwas lauwarmer Suppe auflösen und unter ständigem Rühren in die siedende Brühe gießen, bis sie eindickt.

♦ Die Ravioli auf flachen Tellern anrichten und mit der Sauce überziehen.

ENTE À L'ORANGE

Die Kreuzfahrer brachten die aus China stammenden Orangen nach Europa. Ente war in Europa und China gleichermaßen beliebt.

FÜR 6 PERSONEN

- 1 Ente von etwa 2 kg
- Salz, Pfeffer
- 350 ml Hühnerbrühe
- 2 EL Rotweinessig
- 4 Orangen
- 2 EL Sojasauce (nach Belieben)
- 1 EL Zucker
- 1 Prise gemahlener Zimt
- 1 Prise Nelkenpulver
- 1 Prise geriebene Muskatnuss

♦ Den Ofen auf 200 °C vorheizen. Die Ente abspülen und sorgfältig trockentupfen. Mit Salz und Pfeffer einreiben. Den Vogel mit einer Gabel mehrmals einstechen und auf einen Grillrost über eine Abtropfpfanne setzen. Im Ofen etwa 45 Minuten braten, bis die Haut goldbraun und knusprig ist.

♦ Während die Ente gart, die Brühe mit dem Essig in einer kleinen Kasserolle verrühren. Den Saft von 3 Orangen auspressen und die Schale einer halben Orange in sehr feine Streifen schneiden. Orangensaft und -schale sowie die Sojasauce (falls verwendet), den Zucker und die Gewürze in die Brühe einrühren und alles zum Kochen bringen.

♦ Die Ofentemperatur auf 180 °C herunterstellen. Die Ente vom Grillrost nehmen und das abgetropfte Fett bis auf 1 Esslöffel abgießen. Den Vogel in die Abtropfpfanne setzen und mit der kochenden Sauce umgießen. Im Ofen weitere 45 Minuten braten. Dabei wiederholt mit der Sauce übergießen.

♦ Die verbliebene Orange in dünne Scheiben schneiden. Die fertige Ente aus dem Ofen nehmen und tranchieren. Das Fleisch mit der Sauce überziehen und mit den Orangenscheiben garnieren.

Zitrusfrüchte aus dem Orient bereicherten die Tafeln wohlhabender Venezianer.

GEBRATENE REISNUDELN

Chinesische Nudeln, die Marco Polo ganz besonders liebte, wurden aus dem Mehl von Hülsenfrüchten oder Reis hergestellt. Gebraten schmecken sie ganz besonders köstlich. Ihre knusprige Textur harmoniert hervorragend mit der Ente.

FÜR 6 PERSONEN

250 g frische chinesische Nudeln, lang und durchsichtig (aus Reis oder Hülsenfrüchten)

100 ml Sojaöl

Salz, Pfeffer

♦ Die Nudeln in Stücke von etwa 10 cm Länge schneiden (falls nur getrocknete Nudeln zu haben sind, diese nach Packungsanleitung in Wasser einweichen).

♦ Das Öl in einer Sauteuse oder einem Wok heiß werden lassen. Die Nudeln rasch und vorsichtig darin wenden. Sie blähen sich sofort auf und werden knusprig. Salzen und pfeffern. Darauf achten, dass sie nicht verbrennen. Mit einem Schaumlöffel aus dem Öl nehmen und servieren.

RECHTE SEITE:
In seinem Buch ›Die Wunder der Welt‹ beschreibt Marco Polo die Festmahle des Großkhans Kubilai mit Hunderten von Gästen.

ZIMTEIS

Die Erfindung der Eismaschine ist ein Verdienst der Chinesen. Angeblich trug Marco Polo die Idee nach Italien, nachdem er das neuartige Gerät begutachtet hatte. Dabei handelte es sich um ein Gefäß mit einer doppelten Wandung, in die hinein Eis und Salz oder Salpeter gefüllt wurde. In den inneren Behälter wurde der Sirup gegossen. Zimt war eines jener begehrten Gewürze, die die Handelsreisenden in den Orient lockten. Marco Polo berichtet von reichen Zimtvorkommen im Tibet; Hauptanbauland jener Epoche war allerdings Ceylon.

FÜR 6 PERSONEN

500 ml Milch

2 Zimtstangen

200 g Zucker

6 Eigelbe

250 ml Sahne

♦ Die Milch mit den Zimtstangen aufkochen. Von der Kochstelle nehmen und den Zimt in der heißen Milch eine Weile ziehen lassen.

♦ Die Milch erneut aufkochen. In einer kleinen Pfanne 2 Esslöffel Zucker goldgelb karamellisieren lassen. Den Karamell abseits der Kochstelle in die Milch einrühren.

♦ In einer großen Schüssel die Eigelbe mit dem restlichen Zucker verschlagen, bis die Masse weiß wird. Die Hälfte der warmen Milch unter Rühren in die Eimasse einlaufen lassen. Die Mischung zurück in die Kasserolle gießen und bei milder Hitze unter ständigem Rühren eindicken lassen, bis die Masse den Rücken eines Löffels überzieht (=zur Rose abziehen).

♦ Die Milch-Eier-Masse von der Kochstelle nehmen und die kalte Sahne unterrühren. Die Mischung vollständig abkühlen lassen, durch ein Sieb passieren und in die Eismaschine füllen. Nach Bedienungsanleitung fortfahren.

KNUSPERGEBÄCK

Dieses knusprige Gebäck gibt es in Italien seit Menschengedenken. Es wird aus einem sehr einfachen Teig hergestellt, der dem von Eiernudeln sehr ähnlich ist. Die ausgebackenen Teigspiralen sind auch heute noch ein beliebtes Hausgebäck.

FÜR 6 PERSONEN

- 400 g Mehl
- 1 Prise Salz
- 2 EL Zucker
- 50 ml Öl
- 1 Ei
- 1 Eigelb
- 80 ml Weißwein
- Öl zum Ausbacken

♦ In einer Schüssel das Mehl mit dem Salz und dem Zucker vermengen. In die Mitte eine Mulde drücken. Das Öl mit dem Ei und dem Eigelb verrühren und in die Mulde gießen. Sämtliche Zutaten von innen nach außen unter langsamer Hinzugabe des Weines zu einem glatten, nicht zu feuchten Teig verarbeiten. Den Teig so lange durchwirken, bis er nicht mehr an den Händen klebt. Abdecken und 15 Minuten ruhen lassen.

♦ Den Teig in zwei Hälften teilen und jede Hälfte etwa 2 mm dünn ausrollen. Die Teigplatten in 2 cm breite und 10 cm lange Streifen schneiden und jeweils 2 Streifen locker miteinander verschlingen.

♦ Das Öl heiß werden lassen, die Teigspiralen nach und nach darin goldgelb ausbacken. Das fertige Knuspergebäck mit einem Schaumlöffel herausnehmen und auf Küchenkrepp abtropfen lassen.

♦ Vor dem Servieren nach Belieben mit Puderzucker bestreuen.

14. Jahrhundert

AN DER TAFEL TAILLEVENTS

MENÜ

Taubenpastete

Fisch mit »Sauce cameline«

Rinderbraten in Rotweinsauce mit Rosinen

Kesselkohl

Bulgurgrütze

Kressesalat mit Kräutersauce

Blanc-manger mit Safran

Das 14. Jahrhundert …

Guillaume Tirel, alias »Taillevent«, begann seine ruhmreiche Karriere im Alter von nicht einmal zwölf Jahren in den königlichen Küchen der Johanna von Évreux. Sein Name wurde erstmals 1326 als der eines jener Kinder erwähnt, die für das Herdfeuer und das beständige Drehen der riesigen Spieße zuständig waren. Bereits mit zwanzig Jahren hatte Taillevent sämtliche küchenhandwerklichen Sprossen erklommen. Er wurde einer der Köche König Philipps VI. von Valois, von dem er 1349 als Anerkennung für seine Dienste ein Haus geschenkt bekam. Sein Aufstieg setzte sich unter Karl V. (der Weise) fort, der ihn zum ersten Koch ernannte. Unter Karl VI. wurde er Küchenmeister des Königs, später dann Leiter der gesamten königlichen Küchenbrigade.

Die in seinem Buch beschriebenen Zutaten zeugen von einer verschwenderischen Küche. Die Speisen wurden so kräftig mit Kräutern, *verjus* oder Essig gewürzt, dass kaum mehr der Eigengeschmack der Hauptzutaten zu erkennen war. Große Aufmerksamkeit wurde der Präsentation der Speisen gewidmet. Taillevent färbte viele Zutaten – blau mit Heidelbeeren, rot mit Lackmuskraut und gelb mit Safran. Die Zubereitung derart »verkleideter« Speisen gehört zu seinen ruhmreichen Innovationen.

Schlemmereien im Mittelalter

Taillevents Rezepte verarbeiten häufig Honig und Zucker (Letzterer war noch so kostspielig, dass man ihn praktisch nur körnchenweise zum Würzen verwendete), viel Fleisch, Fisch – vor allem an kirchlichen Fasttagen – und Gemüse, das als weniger edel galt. Die meisten Speisen wurden gehackt oder zerkleinert, damit man sie leichter mit dem Löffel aufnehmen konnte. Saucen und flüssigkeitsreiche Gerichte wurden mit Eigelb, Brot oder Semmelbröseln gebunden, damit sie nicht zu sehr tropften. Unter den Fleischsorten waren Jungvieh (Kalb, Lamm und Zicklein) die großen Favoriten. Taillevents Buch enthält auch eine Reihe von saucenhaltigen Fischgerichten. Mandeln verwendet Taillevent mit großzügiger Hand bei Desserts und für Geflügel- und andere Fleischfarcen; gemahlen dienten sie auch zum Binden von Suppen und Saucen. Im Gegensatz zu heutigen Kochbüchern beschränkten sich die Rezepte auf Zutatenlisten ohne genaue Mengenangaben; Vor- und Zubereitung wurden nur ansatzweise erklärt.

Etikette und Protokoll

Die Mahlzeiten wurden im größten Saal des Hofes eingenommen, wo die Tische in U-Form aufgestellt waren. Der König saß in einem Sessel am großen Tisch, der auf einem Podest im rechten Winkel zu den anderen Tischen errichtet war. Die Königin saß zu seiner Linken, der hohe Gast zu seiner Rechten. Die übrigen Gäste nahmen in der Ordnung ihres Ranges auf Bänken Platz. Die Tische waren mit aufwendigem Zierrat geschmückt – zum Beispiel Vogelkäfigen – und mit zahlreichen Blumengebinden. Erst wenn das rituelle Händewaschen vorüber, das Gebet gesprochen und eine Prise Salz geworfen war, konnte das Mahl beginnen. Ein Oberkellner trug einem Privilegierten die Speisen auf, der die Ehre hatte, den König zu bedienen. Ihm wurde von zwei Helfern assistiert: Der eine bedeckte die Speisen des Königs mit einer metallenen Cloche (nachdem der Küchenchef sichergestellt hatte, dass sie nicht vergiftet waren), der andere tranchierte dem König und seinen hohen Gästen das Fleisch.

Ein Bankett umfasste wenigstens fünf Gänge mit jeweils mehreren Gerichten. Eines von Taillevents Menüs beginnt zum Beispiel mit einer Auswahl an Salaten, dazu eine Suppe, Geflügel, Hirsch und Zicklein mit Nelken. Als zweiter Gang folgten gebratener Pfau und Schwan, Jungkaninchen »saupiquet« (in einer Rotwein-Gewürze-Sauce) und Rebhühner; als dritter Gang gefüllter Kapaun, Taubenpastete und Zickleinbraten; als vierter Gang Adler, Birnen in gewürztem Wein, goldgelb gebackenes Brot und Kresse; und schließlich als fünfter Gang eine Quarkcreme, Haselnüsse und Birnen. Auch wenn dieses Menü gigantisch anmutet – die Fülle galt als Beweis für den Reichtum und Wohlstand des Gastgebers –, muss man bedenken, dass man nicht von allem aß.

Sauberkeit spielte bei Tisch eine wesentliche Rolle. Da es keine Servietten gab, war es praktisch Pflicht, sich vor dem Essen die Hände zu waschen. Vor einem Schluck aus dem gemeinsamen Glas wischte man sich mit dem Handrücken oder dem Ärmel den Mund ab. Man achtete darauf, das Tischtuch nicht zu beschmutzen – das galt als Zeichen guter Manieren.

Um ein großes Festessen noch aufzuwerten, wurden häufig Zwischengerichte aufgetragen. Sie waren aus Teig oder Pastetenmasse modelliert und sollten für Unterhaltung und Kurzweil sorgen. Der französische Begriff »entremets« (entre=zwischen und mets=Speise), der noch heute für bestimmte Süßspeisen verwendet wird, geht auf diesen Brauch zurück. In dem erwähnten Menü empfiehlt Taillevent Adler, deren Haut zunächst samt Federkleid abgezogen und, nachdem die Vögel gekocht und gefüllt wurden, wieder aufgesetzt wird. Funkelnde Glassteine ersetzen die Augen, und die Klauen werden mit metallenen Stiften an den Platten fixiert und mit verschiedenen Garnituren kaschiert. Es entstand der Eindruck, als würden sich die Adler gleich von den Platten erheben und in die Lüfte schwingen.

Küche und Kochgeschirr

Die Küchen lagen weit entfernt vom Speisesaal, damit die Gäste nicht vom Rauch und Küchendunst belästigt wurden. Sie waren mit zwei großen Kaminen ausgestattet, in denen die großen Fleischstücke an langen Spießen gebraten wurden. Riesige Kessel waren über den Flammen aufgehängt. Auch Herde gab es, würfelförmige Blöcke aus Ziegelsteinen mit bis zu fünfzehn Löchern, auf denen die Schmortöpfe und Pfannen standen. Die Kasserollen waren aus Metall oder Steingut.

Die Kochbücher von damals enthalten eine Fülle von Informationen über die Essgewohnheiten jener Zeit. Die betuchten Schichten der Pariser Gesellschaft veranstalteten regelmäßig festliche Essen, die den aristokratischen Banketten in nichts nachstanden. Da sie aber in der Regel nicht über gut ausgestattete Küchen und das nötige Kochgeschirr verfügten, liehen sie sich die Dienste des beim Adel in Lohn und Brot stehenden Küchen- und Servierpersonals kurzerhand aus. Brot fanden sie in den Bäckereien; zudem gab es im Handel eine ganze Reihe fertig zubereiteter Speisen zu kaufen. Außerdem bestand die Möglichkeit, auch das Koch- und Tischgeschirr zu mieten.

OBEN: *Die Ritter der Tafelrunde.*

LINKE SEITE: *Wie der edle König Alexander vergiftet wurde.*

TAUBENPASTETE

Tauben galten nicht nur als Symbol der Fruchtbarkeit und des Friedens, sie waren auch – in China bereits vor Christi Geburt – Boten, die wichtige Nachrichten übermittelten. Tauben und andere Kleinvögel waren im Mittelalter außergewöhnlich beliebt. Ihr Fleisch, insbesondere das von Jungtauben, ist zart und wohlschmeckend und wegen seines kräftigen Eigengeschmacks bei Feinschmeckern sehr beliebt. In Taillevents Kochbuch wie auch in anderen Rezeptsammlungen jener Epoche findet sich eine ganze Reihe verschiedener Varianten von Taubenpastete. Diese Version ist eine Verquickung aus mehreren Rezepten.

FÜR 6 PERSONEN

FÜR DEN TEIG

350 g Mehl

150 g Butter, Öl oder Schweineschmalz

1/2 TL Salz

1 Ei

1 Eigelb

FÜR DIE FÜLLUNG

1 Taube, küchenfertig

50 g Butter oder Schweineschmalz

500 g Rinderhackfleisch

Salz, Pfeffer

1 Prise geriebene Muskatnuss

2 EL frisch gehackte Küchenkräuter

1 Ei

1 EL Semmelbrösel

1 Eiweiß, verschlagen

♦ Sämtliche Teigzutaten mit den Händen oder in der Küchenmaschine zu einem glatten Teig verarbeiten. Den Teig in zwei ungleich große Stücke teilen. Das größere Teigstück ausrollen und eine flache, runde Form mit 25 cm Durchmesser damit auskleiden.

♦ Den Ofen auf 200 °C vorheizen. Die Taube in eine kleine, ofenfeste Form setzen und mit etwas Fett bestreichen. Im Ofen in etwa 40 Minuten goldbraun braten.

♦ Inzwischen das restliche Fett in einer Pfanne heiß werden lassen und das Hackfleisch darin gleichmäßig anbraten, dabei mit einer Gabel beständig zerkrümeln. Sobald es braun und trocken ist, von der Kochstelle nehmen und etwas abkühlen lassen.

♦ Das Hackfleisch mit Salz, Pfeffer und Muskatnuss abschmecken und die Kräuter, das Ei und die Semmelbrösel untermischen.

♦ Die Taube entbeinen und das Fleisch in grobe Stücke schneiden. Mit Salz, Pfeffer und Muskatnuss würzen.

♦ Die Hälfte der Hackfleischmischung in die mit Teig ausgekleidete Form füllen. Die Taubenstücke gleichmäßig darauf verteilen und mit dem restlichen Hackfleisch bedecken. Den verbliebenen Teig ausrollen und über die Füllung legen. Die Teigränder sorgfältig versiegeln.

♦ Die Pastete an mehreren Stellen einstechen oder in der Mitte ein Loch ausschneiden, damit die Feuchtigkeit entweichen kann. Den Teigdeckel mit dem verschlagenen Eiweiß bestreichen. Die Pastete im Ofen in etwa 40 Minuten goldgelb backen.

FISCH MIT »SAUCE CAMELINE«

Taillevent erwähnt in seinem Buch mehr als fünfzig verschiedene Fischarten, deren Zubereitung vor allem an Fasttagen eine zentrale Rolle spielte. Aal erfreute sich besonderer Beliebtheit, aber auch andere Süßwasserfische wie Forelle und kleinere Seefische, wie zum Beispiel Rotbarbe. Taillevent empfiehlt, den ganzen Fisch in Salzwasser zu pochieren, doch unsere Art der Zubereitung ist noch schmackhafter und auch einfacher. Die berühmte »Sauce cameline«, die man häufig zu Fisch reichte, wird hier mit geröstetem und in Essig getränktem Brot gebunden.

›Stillleben mit toten Vögeln und einem Kaninchen‹, Hieronymus Bosch.

♦ Den Fisch waschen und sorgfältig trockentupfen. Mit dem Zitronensaft beträufeln und einige Minuten ziehen lassen.
♦ Für die Sauce das geröstete Brot so lange in dem Essig tränken, bis es sich ganz voll gesogen hat.
♦ Die restlichen Zutaten hinzufügen und alles in der Küchenmaschine oder im Mixer pürieren.
♦ Die Fischfilets bei lebhafter Hitze in der Butter von beiden Seiten 1–2 Minuten sautieren. Auf einer Platte anrichten und mit der Sauce garnieren.

FÜR 6 PERSONEN

6 Goldbrassen oder Rotbarben (je 300 g), filetiert

Saft von 1/2 Zitrone

Butter zum Braten

FÜR DIE SAUCE

150 g Weißbrot ohne Rinde, in Scheiben geschnitten und geröstet

120 ml Rotweinessig

1 TL gemahlener Zimt

1/4 TL Nelkenpulver

1/2 TL gemahlener Ingwer

1/2 TL gemahlener Kardamom

1 Prise geriebene Muskatnuss

Salz, Pfeffer

1 Prise Zucker

RINDERBRATEN IN ROTWEINSAUCE MIT ROSINEN

Der Braten war Bestandteil des dritten Menügangs. Die dicksten Stücke standen natürlich dem König zu. Sie wurden von einem eigens auf diese Aufgabe spezialisierten Helfer tranchiert, der sich, bewaffnet mit den besten Messern, an der Seite der königlichen Tafel aufhielt. Die Sauce wurde oft à part, also separat gereicht, nachdem man sie mit in Essig eingeweichtem Brot gebunden hatte.

FÜR 6 PERSONEN

1,8 kg Rindfleisch aus der Schulter

50 g Butter oder Schweineschmalz

2 große Zwiebeln, gehackt

500 ml Rotwein

50 g Rosinen

1 kleines Bund Petersilie, gehackt

1 TL gemahlener Zimt

1/2 TL gemahlener Ingwer

1/4 TL Nelkenpulver

Salz, Pfeffer, Zucker

♦ Das Fleisch abspülen und sorgfältig trockentupfen. In einem Schmortopf das Fett erhitzen und das Fleisch darin bei lebhafter Hitze von allen Seiten braun anbraten. Die Zwiebeln etwa 5 Minuten bei mittlerer Hitze mitschwitzen.

♦ Die Hitze auf die niedrigste Stufe stellen, den Topf mit einem Deckel verschließen und das Fleisch etwa 1 Stunde schmoren lassen. Obwohl der Braten dabei Saft abgibt, von Zeit zu Zeit die Flüssigkeitsmenge prüfen und bei Bedarf etwas kochendes Wasser nachgießen.

♦ Den Braten mit dem Wein ablöschen, die restlichen Zutaten zugeben und alles zum Kochen bringen. Die Hitze herunterstellen und das Fleisch zugedeckt in 1 – 1 1/2 Stunden gar schmoren.

♦ Das Fleisch aus dem Topf nehmen und möglichst über Nacht vollständig auskühlen lassen. Die Sauce durch ein Sieb passieren und beiseite stellen. Vor dem Servieren das Fleisch in Scheiben schneiden. Die Sauce erhitzen und nochmals abschmecken. Das tranchierte Fleisch in die Sauce einlegen und durchwärmen.

›Psalter Lutrell‹. Der Koch tranchiert Geflügel und Wild; die Bediensteten tragen die Speisen auf. Taillevent regierte in den Küchen des Schlosses über eine ganze Armee von Domestiken.

KESSELKOHL

Taillevent war sehr stolz darauf, dass es ihm gelang, den König für ein Kohlgericht zu erwärmen. Das Gericht fand auch im »Ménagier de Paris« gebührende Würdigung, der erklärte, wie man frischen, jungen Kohl zu Salaten verarbeitete und wie man die fleischigen Blätter des winterlichen Gemüses zubereitet – nämlich, indem man sie den lieben langen Morgen vor sich hin köcheln ließ …

FÜR 6 PERSONEN

1 mittelgroßer Kopf Weißkohl

100 g durchwachsener Räucherspeck, gewürfelt

2 mittelgroße Zwiebeln, gehackt

1 Bund Petersilie, gehackt

2 EL Essig

Salz, Pfeffer

1 Prise Zucker

♦ Den Kohlkopf vierteln und jedes Viertel in zwei Teile schneiden.
♦ In einer großen Kasserolle den Räucherspeck und die Zwiebeln anbraten, bis Letztere etwas weich und glasig geworden sind. Den Kohl, die Petersilie, den Essig, die Gewürze sowie 250 ml Wasser zufügen und zum Kochen bringen. Bei milder Hitze zugedeckt garen, bis der Kohl weich ist.
♦ Den Kohl abschmecken und zusammen mit dem Fleisch servieren.

›Psalter Lutrell‹. Das Braten am Spieß war im Mittelalter eine gängige Zubereitungsmethode.

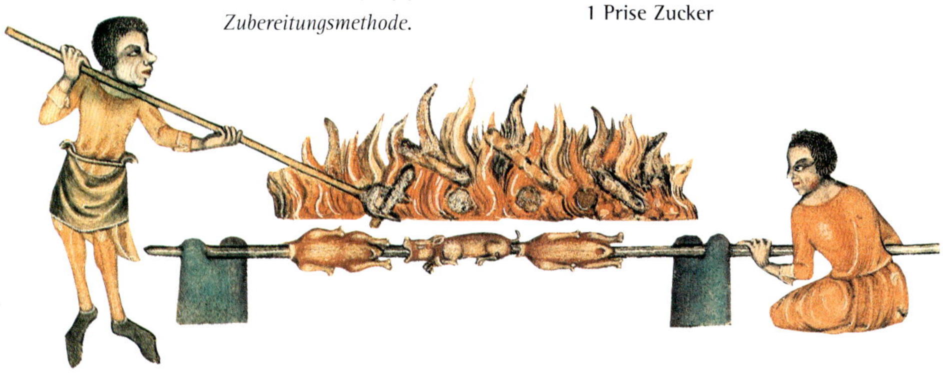

BULGURGRÜTZE

Diese Art Getreidebrei, der in einem großen Kessel zubereitet wurde, war im Europa des Mittelalters quer durch alle Schichten ein Grundnahrungsmittel. Es gab unzählige Varianten: Mal fügte man Suppe hinzu, mal Schweine- oder Geflügelschmalz; mit Milch und Honig verwandelte er sich in ein Dessert. Auf dem Tisch der Reichen diente der Brei als Sättigungsbeilage zum Hauptgericht, während er bei den Armen meist die einzige Speise blieb. Diese Version wird mit Geflügelbrühe und Eigelb abgerundet.

FÜR 6 PERSONEN

250 g Bulgur (geschroteter Hartweizen)

1 l Wasser

1 TL Salz

1 Prise Safran (nach Belieben)

250 ml Hühnerbrühe

2 Eigelbe

♦ Den Bulgur mit dem Wasser, Salz und Safran (falls verwendet) in einer mittelgroßen Kasserolle vermischen und zum Kochen bringen. Die Hitze herunterstellen und etwa 20 Minuten unter häufigem Umrühren köcheln lassen.
♦ Den Brei von der Kochstelle nehmen, 15 Minuten quellen lassen, bis er sämtliche Flüssigkeit absorbiert hat und weiter eingedickt ist.
♦ Vor dem Servieren die Brühe unter den Brei rühren. Erneut zum Kochen bringen und unter ständigem Rühren bei milder Hitze etwa 5 Minuten köcheln lassen, bis die Flüssigkeit fast vollständig verkocht ist.
♦ Die Eigelbe verschlagen und unter kräftigem Rühren unter den Brei ziehen. 1 weitere Minute garen und sofort servieren.

KRESSESALAT MIT KRÄUTERSAUCE

Salate bestanden im Mittelalter zumeist aus Kopfsalat und feinen Kräutern. Man servierte sie entweder als Vorspeise mit einer Sauce oder aber vor dem Dessert zur Erfrischung von Gaumen und Kehle. Die Saucen ähnelten unserer heutigen Vinaigrette, waren allerdings, da sie überhaupt kein Öl enthielten, sehr viel pikanter.

FÜR 6 PERSONEN

1 Kopfsalat

1 Bund Kresse

FÜR DIE SAUCE

50 ml Rotweinessig

1 TL Senf

Salz, Pfeffer

1 EL frische, fein gehackte Kräuter (Kerbel, Majoran und Thymian)

1 EL Semmelbrösel

♦ Den Salat und die Kresse waschen, in der Salatschleuder trocknen und in eine Salatschüssel füllen.
♦ Für die Sauce den Rotweinessig mit dem Senf, Salz und Pfeffer glatt rühren. Die Kräuter und die Semmelbrösel untermischen und einige Minuten ziehen lassen, damit die Semmelbrösel die Flüssigkeit aufnehmen und die Sauce geschmeidiger wird. Erscheint sie Ihnen zu dick, mit etwas Wasser auf die gewünschte Konsistenz verdünnen.
♦ Die Sauce über den Salat gießen, kurz durchheben und sofort servieren.

VARIANTE
Sie müssen den damaligen Gepflogenheiten natürlich nicht minutiös und zwanghaft folgen und können an Stelle der Semmelbrösel 70 ml Olivenöl verwenden.

BLANC-MANGER MIT SAFRAN

Blanc-manger oder Mandelsulz war eine der beliebtesten Speisen im Mittelalter und wurde meistens mit Fisch oder Fleisch zubereitet. Bei Taillevent wurde dieses Dessert in mehreren Schichten eingefüllt, wobei jede eine andere Farbe erhielt.

FÜR 6 PERSONEN

1 l Milch

150 g Zucker

1 Prise Safran

175 g Reismehl

125 g gemahlene Mandeln

♦ Die Milch mit dem Zucker und dem Safran zum Kochen bringen. Von der Kochstelle nehmen und eine Weile ziehen lassen, damit der Safran seine Farbe abgeben kann.
♦ Die Safranmilch erneut zum Kochen bringen. Das Reismehl mit den gemahlenen Mandeln vermischen, 1/4 Liter Wasser zugießen und glatt rühren. Die Mischung nach und nach unter ständigem Rühren in die heiße Milch einlaufen lassen. Erneut aufkochen und so lange weiterrühren, bis die Masse fest und kompakt wird.
♦ Die Masse in eine Schüssel oder eine Form (zum Beispiel eine Charlottenform) füllen und möglichst über Nacht vollständig abkühlen lassen.
♦ Vor dem Servieren aus der Form stürzen.

VARIANTE
Wenn Sie verschiedenfarbige Schichten herstellen möchten, lassen Sie den Safran weg. Die fertige Blanc-manger-Masse in mehrere Portionen teilen und jeweils mit einigen Tropfen Lebensmittelfarbe einfärben. Taillevent färbte seine Gerichte mit Blaubeeren, Lackmuskraut und Petersilie; doch dafür müsste man drei oder vier getrennte Mischungen zubereiten.

RECHTE SEITE:
Gründung des Sternordens und Bankett der Ordensritter. Ein hochrangiges Ordensmitglied schnitt das Brot und Fleisch des Oberhauptes mit einem prachtvollen Besteck.

15. Jahrhundert

GENÜSSE AUS DER NEUEN WELT

MENÜ

Tortilla mit Guacamole

Kaisergranat mit Paprikasahne

Salzkartoffeln und gekochter Mais

Schoko-Vanille-Creme mit Ananas

Das 15. Jahrhundert…

UNTEN: *Die Ureinwohner Amerikas bereiteten ihr Brot und viele andere Speisen aus Mais zu, der wichtigsten Neuheit, die Kolumbus mit nach Europa brachte.*

RECHTS: *Der Genueser Seefahrer Christoph Kolumbus (1451–1506) hat die Neue Welt entdeckt und dem Abendland als kulinarischer Botschafter gedient.*

Ende des 15. Jahrhunderts steckten die westlichen Mächte in einer tiefen Wirtschaftskrise. Das Bevölkerungswachstum, das zunehmend die staatlichen Goldreserven zu erschöpfen drohte, und die steigende Nachfrage nach Gewürzen aus dem Orient führten zu einem starken Preisanstieg. Also versuchten die Länder, neue Routen für den Gold- und Gewürzhandel zu erschließen, zwei Produkte, die in der damaligen Zeit praktisch synonym waren. Nach den Arabern und Mongolen kontrollierten die Türken die Handelswege. Da die Venetier über die Seehoheit verfügten, gehörte ihre Stadt zu den reichsten der Welt.

Christoph Kolumbus, der kühne Seefahrer

Gewürze legten auf ihrem Weg aus dem Fernen Osten nach Europa eine lange und kostspielige Reise zurück. Wem es zuerst gelänge, Asien auf dem Westweg, also über den Atlantik, zu erreichen, würde eine Revolution auslösen. Kastilien und Portugal rivalisierten um diese Pionierleistung. Kühne Seefahrer, auf dem neuesten Kenntnisstand der Nautik, Geographie und wissenschaftlicher Berechnungen, nahmen entschlossen die Herausforderung an und stachen in See. Die Portugiesen entdeckten und annektierten Madeira, die Kastilier die Kanarischen Inseln.

Christoph Kolumbus hatte Kosmographie und Kartographie studiert. Im Jahre 1472 kam er nach Portugal, setzte dort seine geographischen Studien fort und heiratete Felipa Perestello, die Tochter eines alten Seebären und Gouverneurs von Madeira. Auf eben dieser Insel begann sein Traum von Ruhm und Ehre – und vielleicht auch von Reichtum. Er entschloss sich, den Seeweg nach Indien auf der Westroute mit Hilfe unbekannter Windströme zu erschließen, deren Verlauf ihm die Seefahrer Madeiras verraten hatten. Zunächst musste er aber den König Portugals zur Finanzierung der Expedition bewegen. Der aber lehnte genauso ab wie die Monarchen Englands und Frankreichs. Schließlich gelang es ihm, das spanische Königspaar von seinem Vorhaben zu überzeugen, und das, obwohl seine Pläne nicht einmal die Fürsprache der Wissenschaftler fanden: Sie hatten Kolumbus' Berechnungen als falsch entlarvt, und seine Idee, Asien in einem einzigen Törn auf dem Westweg zu erreichen, erschien ihnen völlig verrückt.

Am 3. August 1492 stach Kolumbus mit drei Karavellen in See. Am 12. Oktober erreichte er eine Insel, die er San Salvador nannte; er entdeckte Kuba und Haiti. Am 15. März 1493 kehrte er nach Spanien zurück, wo ihm am 20. April Isabella von Kastilien und Ferdinand von Aragon einen triumphalen Empfang und ein Festessen mit allen aus der Neuen Welt mitgebrachten kulinarischen Entdeckungen bereiteten.

Fremde Produkte – neue Genüsse

Alle Neuentdeckungen sind in den Logbüchern des Kolumbus und in der von seinem Sohn verfassten Biographie beschrieben (sein Sohn stammte von Beatriz Enrique, die er nie heiratete). Bereits nach seiner ersten Landung in der Neuen Welt machte Kolumbus Bekanntschaft mit Paprika, Maniok- und Maisbrot, trank Schokolade mit Vanille und sah die Eingeborenen Würmer essen, die für sie eine Delikatesse waren. Die wichtigste Neuheit – den Mais –, die Kolumbus mit nach Europa brachte, passte sich auf allen Kontinenten hervorragend den Bedingungen an und wurde schließlich zu einem der bedeutendsten Getreide der Welt. Überzeugt, dass er sich in einer Inselwelt nahe Indiens befand, beschäftigte Kolumbus sich auch eingehend mit der ihm fremden Fauna. Auf seinen späteren Reisen ließ sich Kolumbus von Botanikern begleiten, die die noch unbekannten Arten katalogisieren und mitgeführte heimische Gemüse- und Getreidesamen vor Ort kultivieren sollten. Sogar Pferde und Kühe nahm Kolumbus mit in die Neue Welt, die sich dort schnell anpassten und vermehrten. Auf den Karibischen Inseln ließ er Zuckerrohr anbauen, das rasch erstaunliche Ernteerträge einbrachte.

Nachfolgende Entdeckungsreisende importierten Zitrusfrüchte, Bananen, Reis und Kaffee, die im tropischen Klima der südlichen Hemisphäre hervorragend gediehen. Die Waren, die Ende des 16. und Anfang des 17. Jahrhunderts aus der Neuen Welt nach Europa gelangten, waren Mais, Tapioka, Bataten, Kartoffeln, verschiedene Bohnensorten, rote und grüne Paprika, Tomaten, Erdnüsse, Pekannüsse, Avocados, Ananas, Kakao, Jamaika-Pfeffer, Vanille und Truthähne. Die Alte Welt empfing die neuen Genüsse mit Enthusiasmus; einige wurden jedoch erst Jahrzehnte nach Kolumbus' Rückkehr gängige Lebensmittel. Mais und Bohnen erfreuten sich besonders in Italien und auf dem Balkan großer Beliebtheit, und Paprika wurde bald zu einem festen Bestandteil der Mittelmeerküche. Einige Novitäten brauchten etwas länger, bis sie sich auf den kontinentalen Tafeln durchsetzten. Kartoffeln beispielsweise schlugen in Deutschland erst Ende des 17. Jahrhunderts dauerhaft Wurzeln. Und die Tomate, zunächst als giftig verschrien, setzte sich erst vor knapp zweihundert Jahren durch.

›Ein Mahl‹, Theodor de Bry. Zwei Indianer trennen Maiskörner vom Kolben. Mais war das wichtigste Importgut aus der Neuen Welt.

TORTILLA

Tortilla war ursprünglich eine Art Brot, das die Indianer aus Maismehl herstellten. Heute verwenden die Mexikaner für den Teig – die masa *– eine spezielle Maismehl-Mischung; den Teig drücken sie mit einer Art Walze flach. Ähnlich wie bei den Indianern sind Tortillas das Brot Mexikos, das als essbarer Löffel dient sowie als Hülle für zahlreiche Füllungen.*

FÜR 6 PERSONEN
200 g Maismehl
150 g Weizenmehl
1/2 TL Salz
200 ml warmes Wasser
Etwas Öl

♦ Die beiden Mehle mit dem Salz vermengen. Das warme Wasser nach und nach zugießen und die Zutaten zu einem glatten Teig verarbeiten. Den Teig 20 Minuten ruhen lassen.
♦ Aus dem Teig walnussgroße Kugeln formen. Die Kugeln zwischen den Handballen etwas flach drücken. Jede Kugel zwischen zwei Lagen Pergamentpapier legen und zu einem dünnen Teigfladen von 12 cm Durchmesser ausrollen.
♦ Eine flache Pfanne heiß werden lassen und etwas Öl darin erhitzen. Das obere Pergamentpapier von den Teigplatten abziehen und die Fladen mit Hilfe des verbliebenen Papiers in die heiße Pfanne legen. Das Papier ebenfalls entfernen und die Tortilla backen, bis sie auf der Unterseite trocken ist. Wenden und die andere Seite backen, bis sie eine leicht goldene Farbe angenommen hat. Mit Guacamole servieren.

GUACAMOLE

Avocados waren bei den Azteken in Südamerika weit verbreitet. Die ersten Europäer, die sie probierten, nannten sie »Butterfrucht«. Guacamole ist ein feines Avocadopüree und in Mexiko praktisch allgegenwärtig.

FÜR 6 PERSONEN
4 weiche Avocados
Saft von 1 Zitrone
1 Tomate, enthäutet
1 Zwiebel, fein gehackt
Salz, Pfeffer
1/2 TL Tabasco
20 ml Maiskeimöl

♦ Die Avocados halbieren. Die Steine entfernen und das Fruchtfleisch mit einem Löffel aus der Schale lösen. In eine Schüssel geben und mit dem Zitronensaft vermengen.
♦ Die Tomate von den Samen befreien und das Fruchtfleisch in kleine Stücke schneiden. Zu den Avocados geben.
♦ Die Zwiebelwürfel, Salz und Pfeffer sowie Tabasco hinzufügen und mit einer Gabel oder im Mixer sorgfältig zerkleinern.
♦ Das Öl unter das Püree rühren und zu den Tortillas servieren.

KAISERGRANAT MIT PAPRIKASAHNE

Christoph Kolumbus erwähnt in seinem Tagebuch auch Meeresfrüchte, die er auf seiner ersten Reise bei den Eingeborenen der entdeckten Inseln aß. Dieses der Neuzeit angepasste Rezept verwendet Kaisergranat, den es im Atlantik damals in Hülle und Fülle gab, und Paprika, eine der großen kulinarischen Innovationen aus der Neuen Welt.

♦ Zunächst die Sauce zubereiten. Dazu die Paprikaschoten unter dem Backofengrill rösten, bis ihre Haut Blasen wirft. Die noch heißen Schoten in eine Plastiktüte legen, verschließen und schwitzen lassen. Die Haut von den leicht abgekühlten Schoten abziehen, das Fruchtfleisch gründlich abspülen, trockentupfen und grob zerkleinern.

♦ Die Chilischote (wer es nicht so scharf mag, sollte Samen und Scheidewände entfernen) sehr fein hacken (am besten mit Gummihandschuhen). Die Zwiebel und den Knoblauch ebenfalls hacken.
♦ In einer Kasserolle das Fett erhitzen, Zwiebel und Chili unter ständigem Rühren 3 Minuten anschwitzen. Den Knoblauch 1 Minute mitschwitzen. Das Paprikafruchtfleisch ebenfalls kurz mitschwitzen. Mit der Brühe ablöschen und zum Kochen bringen. Die Hitze auf niedrigste Stufe stellen und das Gemüse etwa 15 Minuten köcheln lassen.
♦ Inzwischen die Kopfteile der Kaisergranate abdrehen. Die Schwanzstücke gründlich abspülen, der Länge nach einschneiden und den dunklen Darm entfernen. Die Krustentiere in mehrere Stücke schneiden.
♦ In einer Pfanne das Öl erhitzen und die Stücke kurz anbraten. Die Hitze auf niedrigste Stufe stellen und zugedeckt in 3–5 Minuten garen.
♦ Die Paprikamischung in der Küchenmaschine oder mit einem Passiergerät zu einem glatten Püree verarbeiten. Zurück in die Kasserolle geben, mit Salz, Pfeffer und Jamaika-Pfeffer würzen und zum Kochen bringen. Ist die Sauce zu dick, mit etwas Brühe oder Wasser auf die gewünschte Konsistenz bringen.
♦ Die Kaisergranate auf einer Platte anrichten. Die Sahne unter die Sauce rühren und die Meeresfrüchte damit überziehen. Mit etwas Koriandergrün garnieren und servieren.

Indianer bei der Vorbereitung eines Festmahls.

FÜR 6 PERSONEN

4 große Kaisergranate (Scampi)

3 EL Olivenöl

FÜR DIE SAUCE

6 rote Paprikaschoten

1 rote Chilischote

1 Zwiebel

1 Knoblauchzehe

3 EL Öl oder Butter

250 ml Hühnerbrühe

Salz, Pfeffer

1 Prise Jamaika-Pfeffer

120 ml Sahne

Etwas Koriandergrün zum Garnieren

SALZKARTOFFELN UND GEKOCHTER MAIS

FÜR 6 PERSONEN

3 mittelgroße (oder 500 g kleine) Kartoffeln

Salz

2 große Maiskolben

50 g Butter

Etwas Petersilie zum Garnieren

Kartoffeln waren das Grundnahrungsmittel der peruanischen Indianer. Bataten und Mais gab es praktisch auf dem gesamten südamerikanischen Kontinent. Sehr viel später sollten diese drei stärkehaltigen Gemüsesorten, die sich hervorragend an die Bedingungen in Europa und Afrika anpassten, ganze Völker vor dem Hungertod bewahren.

♦ Die Kartoffeln schälen, in grobe Stücke schneiden und in Salzwasser kochen.
♦ Die Maishülsenblätter abziehen und die Kolben in drei Teile schneiden. In Salzwasser kochen, bis die Maiskörner weich sind.
♦ Die Kartoffeln und den Mais mit etwas Butter abrunden, mit der Petersilie garnieren und als Beilage zu den Kaisergranaten servieren.

RECHTE SEITE: *›Die Stadt Secota‹, Harriot.*

LINKS: *Mexikanerin bei der Zubereitung von Schokolade. Auch Kolumbus probierte von diesem Getränk aus Kakaobohnen, das so teuer wie Gold war.*

SCHOKO-VANILLE-CREME MIT ANANAS

Die Eingeborenen der Neuen Welt gaben Kolumbus ein Schokoladengetränk zum Kosten, dem sie magische Kräfte nachsagten. Kakaobohnen dienten auch als Tausch- und Zahlungsmittel. Das Getränk wurde mit der in Europa noch unbekannten Vanille aromatisiert. Die Ananas entdeckte Kolumbus auf seiner zweiten Überfahrt in Guadeloupe. Dieses Dessert ist die Vermählung einer klassischen Crema catalana mit Zutaten aus der Neuen Welt.

FÜR 6 PERSONEN

1 l Milch

1 Vanilleschote

8 Eigelbe

150 g Zucker

40 g Speisestärke

75 g Bitterschokolade

1 Ananas

♦ Die Milch mit der Vanilleschote aufkochen. Von der Kochstelle nehmen und etwa 10 Minuten ziehen lassen. Die Vanilleschote der Länge nach aufschneiden, das Mark mit der Messerspitze herauskratzen und in die Milch rühren. Die ausgekratzte Schote wegwerfen.
♦ Die Milch erneut zum Kochen bringen. In einer Schüssel die Eigelbe mit dem Zucker und der Speisestärke verschlagen. Die Hälfte der heißen Milch unter ständigem Weiterschlagen nach und nach einlaufen lassen. Die Mischung zurück in die Kasserolle zur restlichen Milch gießen.
♦ Die Eiermilch auf sehr niedriger Stufe langsam bis knapp unter den Siedepunkt erhitzen, bis die Mischung dick wird. Von der Kochstelle nehmen.
♦ Die Schokolade in kleine Stücke brechen oder im Mixer grob zerkleinern und in der heißen Creme schmelzen lassen. In Schalen oder Pokalen anrichten und vollständig abkühlen lassen.
♦ Die Ananas schälen, in feine Scheiben schneiden und die holzige Mitte ausstechen. Auf jede Portion eine Ananasscheibe legen und servieren.

F
E
K
G
H
I
E
B
D
C

16. Jahrhundert

EIN BANKETT DER RENAISSANCE

MENÜ

Melone und Feigen mit Schinken

Artischockenherzen mit Foie gras

Karpfen oder Forelle royale

Weiße Bohnen mit Kräutern

Kalbsröllchen Florentiner Art

Tarte Frangipane

Das 16. Jahrhundert …

Katharina von Medici hat sicher nicht im Alleingang der französischen Hochküche auf die Beine geholfen, wie vielfach behauptet wird. Doch zu Lebzeiten war sie es, die den Ton der kulinarischen Moden setzte. Ihre Hochzeit an sich war schon ein Anstoß erregendes Ereignis, das als Skandal in die Annalen jener Epoche einging. Einige Tage vor den Trauungsfeierlichkeiten wurde die Versprochene ihrem Verlobten Henri II. und König François I. vorgestellt. Die Vermählung des Prinzen mit der Tochter eines florentinischen Bankiers führte in ganz Europa zu Klatsch und Tratsch. Die Franzosen fanden, dass diese Verbindung der Königsfamilie unwürdig war. Der Papst hingegen verbuchte diese Gelegenheit, sich an das französische Königshaus zu binden, als seinen persönlichen Erfolg. Mit François I. legte er die Bestimmungen des Ehevertrages fest. Die kirchliche Trauung fand erst im Anschluss statt, gefolgt von dem berühmten Hochzeitsmahl. Letzteres war, wie in der Renaissance üblich, von griechischen und römischen Bräuchen bestimmt. Der Prinz und seine Zukünftige »verdrückten« sich schließlich in ihr Gemach, um die Ehe zu vollziehen. Der König und der Papst wohnten dem Ereignis bei, um sich zu vergewissern, dass alles normal funktionierte. Der König war zufrieden. Und der Papst verweilte mit seinem Gefolge noch weitere dreißig Tage in Marseille in der Hoffnung auf die frohe Kunde, dass sein Schützling bereits einen Erben im Schoße trägt. Nach seiner Abreise kündigte er kurzerhand den mit François vereinbarten Vertrag und verbündete sich mit dessen Feinden.

›Hochzeit der Katharina von Medici mit Henri II., Herzog von Orléans‹, L'Empoli.

Eine neue kulinarische Blütezeit

François I. sah in dieser Hochzeit eine gute Gelegenheit, die Kontrolle über Italien zu erlangen. Als Bewunderer italienischer Künstler – Leonardo da Vinci war einmal zu Gast in seinem Palais – erlag er sofort dem Charme der jungen Braut. Die nämlich beherrschte die Wissenschaften und Künste, die den Ruf ihrer Heimat Florenz begründeten, und teilte seine Leidenschaft für die Jagd. Die junge Katharina, seit frühester Kindheit eine Waise, war Schützling des ihr verwandten Papstes Klemens III. Zur Hochzeitszeremonie brachte sie das mit Gold verzierte päpstliche Schiff, begleitet von einem Bataillon von Küchenjungen, nach Marseille.

Im 16. Jahrhundert, auf dem Höhepunkt der Renaissance, erfuhr auch die Kochkunst eine Blütezeit, wie sie die Jahrhunderte noch nicht gesehen hatten. Auch wenn sich der Ruf der französischen Küche bereits vor Ankunft der Medici fest etabliert hatte, der frische Wind kam aus Italien. In Paris florierten die Märkte, Gasthäuser und der Verkauf von Fertigspeisen; und die großen Küchenmeister schrieben sogar Kochbücher. Dennoch war Italien das Land, auf das alle Welt seine Augen richtete. Florenz war die Hauptstadt der Renaissance, zumindest was die Malerei, die Bildhauerei und die Architektur anging. Die revolutionären neuen Strömungen entsprangen einer Rückbesinnung auf das klassische Altertum und das Leben im antiken Rom. Italien gab in allen Bereichen den Ton an: Mode, Wissenschaft, Technologie, Kunst, Literatur, Dichtung und … in der Küche.

Während in Frankreich weitgehend noch tiefstes Mittelalter im Kochtopf herrschte, entwickelte sich im Nachbarland eine leichtere, originellere und feinere Küche. War für die Franzosen nach wie vor die Menge des Fleisches das Maß der Dinge, so hatten die Italiener längst den Wohlgeschmack von frischem Gemüse und Obst entdeckt. Sie stürzten sich mit Begeisterung auf alles Neue und Überraschende wie Artischocken aus den arabischen Ländern (die es bereits im alten Rom gab, zwischenzeitlich aber verschwunden waren), Blumenkohl, Spargel, Kirschen, Pflaumen und alle möglichen Melonensorten, die aus Persien stammten. Reis und Orangen aus dem Fernen Osten nahmen sie genauso bereitwillig an wie Mais und Bohnen aus der Neuen Welt.

Glaubt man den Schriften aus jener Zeit, so zeichnete sich die italienische Küche vor allem durch Originalität, Eleganz und einen unnachahmlichen Stil aus. Kochlegenden wie Martino (auf den die Rezepte des 1474 erschienenen Buches von Platina *De honeste voluptate* zurückgehen) und Bartolomeo Scappi (dessen Werk *Opera* 1570 erschien) verwarfen die mittelalterliche Unsitte, Zutaten zu zermalmen und zu zerhacken und erfanden das im Ganzen gegarte Gemüse. Die königliche Tafel gab sich nicht mehr durch Berge von Fleisch zu erkennen, sondern durch die Erlesenheit und Raffinesse der Speisen. Es wurde sparsam gewürzt, damit die Zutaten ihren natürlichen Geschmack behielten. Die Speisenfolge umfasste Pasteten, Würste, leichte Suppen, Nudeln, Gebäck, Desserts und anderes Naschwerk.

Die italienischen Köche beherrschten auch bis dahin unbekannte Techniken. Schon Martino empfahl, die Töpfe während des Garens zu verschließen, damit das Gargut nicht austrocknete oder vom Qualm des Herdfeuers in Mitleidenschaft gezogen wurde. Leonardo da Vinci erfand einen Spieß, der sich allein durch die Kraft eines von der Hitze des Feuers angetriebenen Propellers drehte!

Sinnenfreude und Verfeinerung

Königin Katharina von Medici war eine Feinschmeckerin mit einer ganz besonderen Vorliebe für Artischocken und süßes Gebäck. Ein Onkel schenkte ihr einmal die aus der Neuen Welt stammenden weißen Bohnen, die er erfolgreich in seinem Gemüsegarten angepflanzt hatte; vom Grafen Frangipani erhielt sie das Rezept für die Mandelcreme, die seinen Namen trägt. Neben ihren vornehmen Tischsitten trug Katharina auch das heimische Tafelgeschirr nach Frankreich. Die Köche am königlichen Hofe nahmen die Lehre des italienischen Küchenhandwerks begierig auf; der Adel war ganz versessen auf das elegante, edle Porzellan-, Kristall- und Glasgeschirr, das die Tafel des Königs schmückte, und übte sich in guten Manieren und den italienischen Hygieneregeln.

Katharina von Medici hat angeblich auch die Gabel in Frankreich eingeführt. Die Florentiner benutzten sie in der Tat schon damals, wie es bei den Türken Brauch war, um Süßigkeiten oder Erdbeeren zu essen. Bei Tisch verwendete man Gabeln, um sich Fleisch und Gemüse auf den Teller zu füllen. Gegessen aber wurde nach wie vor mit den Fingern.

Doch die künftige Königin brachte noch eine weitere Neuheit mit nach Frankreich: das Naschwerk. Denn Venedig war seinerzeit auch das europäische Zentrum des Zuckerraffinierens. Seine Zuckerskulpturen waren von den berühmten durchscheinenden venezianischen Gläsern inspiriert.

FOLGENDE DOPPELSEITE: *›Festmahl der Königin Waschti‹, Jacopo del Sellaio.*

UNTEN: *›Hochzeitsbankett des Großherzogs Ferdinand I. aus der Toskana‹. Die Königin führte die vornehmen Tischsitten aus Florenz am Hofe ein, die der Adel sehr schnell annahm.*

MELONE UND FEIGEN MIT SCHINKEN

Melonen erlebten im Florenz des 16. Jahrhunderts eine regelrechte Renaissance. Sie waren vermutlich kleiner und weniger süß als die Früchte, die wir heute schätzen. Doch schon damals, wie auch heute noch, servierte man sie gern mit Schinken als Vorspeise.

FÜR 6 PERSONEN

1 große oder 2 kleine Zuckermelonen

12 frische Feigen

100 g roher Schinken, in feine Scheiben geschnitten (am besten Prosciutto)

Etwas zerstoßener weißer Pfeffer

Etwas Zucker (nach Belieben)

♦ Die Melonen schälen, der Länge nach durchschneiden, die Samenkerne entfernen und das Fruchtfleisch längs in Segmente schneiden. Die Feigen abspülen und vierteln.

♦ Die Fruchtstücke in die Schinkenscheiben einrollen oder den Schinken auf einer Platte anrichten und die Früchte darauf arrangieren. Mit dem zerstoßenen Pfeffer und nach Belieben mit etwas Zucker bestreuen und servieren.

ANMERKUNG

Dieses Gericht zählt auch heute noch zu den bekanntesten italienischen Vorspeisen. Von besonderer Bedeutung ist die Qualität des Schinkens, der in Italien Prosciutto heißt. Für die beiden berühmtesten Sorten wird die frische Schweinekeule mit Meersalz eingerieben (di Parma) oder gepresst und gepökelt (di San Daniele) und mindestens 9–12 Monate an der Luft getrocknet.

König Christian von Dänemark zu Besuch bei Bartolomeo Colleoni in Malpaga. Eleganz, Originalität und ein ausgeprägter Schönheitssinn bestimmten die Tafelfreuden im Florenz der Renaissance.

ARTISCHOCKENHERZEN MIT FOIE GRAS

Katharina von Medicis Lieblingsspeise waren sautierte Nieren und Hahnenkämme auf Artischockenböden. Wir haben für dieses Rezept die Innereien durch die standesgemäßere Foie gras (Gänsestopfleber) ersetzt.

♦ Die Blätter der Artischocken abtrennen. Die Spitze der Früchte bis zum »Heu« abschneiden und das »Heu« aus den Böden herauslösen. Die Stiele abschneiden und die Schnittflächen am Boden sofort mit Zitronensaft einreiben, damit sie sich nicht braun verfärben.

♦ Die Artischockenböden in Salzwasser mit dem restlichen Zitronensaft garen, bis sie ganz weich sind. Abtropfen lassen und auf einer Servierplatte anrichten.

♦ Inzwischen die Stopfleber in 5 mm dicke Scheiben schneiden. Eine Pfanne sehr heiß werden lassen und die Leberscheiben von jeder Seite 1 Minute sautieren. Die Artischockenböden mit jeweils 1 Scheibe Leber belegen.

♦ Den Bratensatz mit dem Madeira ablöschen und zum Kochen bringen. Überschüssiges Fett abschöpfen. Die Leberscheiben mit der Sauce überziehen, mit Salz, Pfeffer und Muskatnuss bestreuen und servieren.

FÜR 6 PERSONEN

12 Artischocken

Saft von 1 Zitrone

Salz

200 g frische Foie gras (Gänsestopfleber)

200 ml Madeira

Pfeffer

1 Prise geriebene Muskatnuss

›Die fünf Sinne, der Geschmack‹, Bosse. Hier thront eine Artischocke in der Mitte des Tisches.

KARPFEN ODER FORELLE ROYALE

Die Texte Rabelais' sind eine unschätzbare Fundgrube an Informationen über die Küche der Renaissance. Er erwähnt auch zahlreiche Fischsorten, darunter Karpfen und Forelle. Dieses Gericht ist ein abgewandeltes Karpfenrezept, das mit »royale« apostrophiert wurde.

FÜR 6 PERSONEN

- 1 großer Karpfen (etwa 2 kg) oder 6 kleine Forellen (je 300 g), küchenfertig
- 2 große Zwiebeln
- 2 Zucchini
- 250 g Morcheln
- Olivenöl
- Salz, Pfeffer
- 1 kleines Bund Petersilie, gehackt
- 2 Zweige Oregano, gehackt
- 1 Trüffel (nach Belieben), in kleine Stücke geschnitten
- 500 ml Weißwein

♦ Den Ofen auf 180 °C vorheizen. Den Fisch waschen, innen und außen trockentupfen (Forellen nur innen) und beiseite legen.

♦ Die Zwiebeln in Scheiben oder Würfel, die Zucchini in Scheiben oder Streifen schneiden. Die Morcheln putzen und vierteln.

♦ In einer Pfanne etwas Olivenöl erhitzen und die Zwiebeln, Zucchini und Morcheln darin mit leichter Farbe anschwitzen. Salzen, pfeffern und die gehackten Kräuter untermengen. Die Mischung auf dem Boden einer mit einem Deckel versehenen ofenfesten Form verteilen.

♦ Den Fisch von innen und außen salzen und pfeffern und auf das Gemüsebett in die Form setzen. Die Haut an mehreren Stellen einritzen und, falls verwendet, die Trüffelstücke in die Schlitze stecken. Etwas Olivenöl und den Wein über den Fisch gießen und die Form mit dem Deckel verschließen. Im Ofen 30 Minuten garen; den Deckel abnehmen und weitere 10 Minuten garen.

WEISSE BOHNEN MIT KRÄUTERN

Pietro Valerino, italienischer Kanoniker, machte Katharina von Medici ein besonders originelles Verlobungsgeschenk: einen Sack weiße Bohnen aus Samen, die er vom Papst höchstpersönlich erhalten und in seinem Gemüsegarten erfolgreich gezogen hatte. Weiße Bohnen kamen aus der Neuen Welt und wurden in Frankreich schnell ein großer Erfolg. Das Cassoulet soll nach ihrer Ankunft praktisch über Nacht erfunden worden sein.

FÜR 6 PERSONEN

- 250 g getrocknete weiße Bohnen
- 500 ml Hühnerbrühe
- Salz, Pfeffer
- 1 EL Kräuter der Provence
- 25 g Butter

♦ Die weißen Bohnen über Nacht in kaltem Wasser einweichen.

♦ Am nächsten Tag das Einweichwasser abgießen und die Bohnen in einer Kasserolle mit frischem kaltem Wasser vollständig bedecken. Langsam zum Kochen bringen und bei milder Hitze garen, bis sie weich sind.

♦ Die Bohnen abgießen und zurück in die Kasserolle geben. Mit der Brühe auffüllen, salzen, pfeffern und die Kräuter hinzufügen. Erneut zum Kochen bringen und weitere 30 Minuten bei milder Hitze garen. Abschmecken.

♦ Die Bohnen in eine Servierschüssel füllen, mit Butterflöckchen garnieren und servieren.

KALBSRÖLLCHEN FLORENTINER ART

FÜR 6 PERSONEN

1 kg Kalbsschnitzel

500 g frischer Spinat

80 g Butter oder Schweineschmalz

2 Knoblauchzehen, durchgepresst

Salz, Pfeffer

1 Prise geriebene Muskatnuss

40 g Mehl

250 ml Weißwein

Der aus Persien stammende Spinat, der Florenz im Sturm erobert hatte, erlebte an Frankreichs Königshof einen noch größeren Erfolg. Jedes Gericht, bei dem Spinat eine Rolle spielte, wurde fortan »à la florentine« genannt. Der berühmte Martino verwendete für dieses Rezept dünne Kalbsschnitzel, die er aufrollte und am Spieß grillte. Unsere Version vereint die damalige Spinatmode mit Martinos Kalbsröllchen, die wir allerdings in der Pfanne braten, damit sie nicht trocken werden.

♦ Die Kalbsschnitzel zwischen zwei Lagen Pergamentpapier oder Klarsichtfolie legen und mit einem Plattiereisen flach klopfen.

♦ Den Spinat waschen, die Stiele und harten Blattrippen entfernen. Den Spinat in einer Kasserolle mit sehr wenig Wasser bei großer Hitze einige Minuten zusammenfallen lassen. In ein Sieb schütten und gut ausdrücken.

♦ Die Hälfte der Butter in einer Pfanne aufschäumen lassen und den Knoblauch 1 Minute darin anschwitzen. Den Spinat zugeben und unter Rühren mitschwitzen, bis er sämtliche Butter aufgenommen hat. Mit Salz, Pfeffer und Muskatnuss würzen.

♦ Die plattierten Kalbsschnitzel mit einigen Spinatblättern belegen und zusammenrollen. Mit Küchengarn oder Zahnstochern verschließen.

♦ Das Mehl mit etwas Salz und Pfeffer würzen und die Kalbsröllchen darin wenden. Die restliche Butter aufschäumen lassen und die Kalbsröllchen rasch von allen Seiten Farbe nehmen lassen.

♦ Mit dem Wein ablöschen, zum Kochen bringen und die Hitze wieder herunterstellen. Zugedeckt etwa 10 Minuten garen.

♦ Vor dem Servieren Küchengarn oder Zahnstocher entfernen.

›Allegorie des Geschmacks‹, Ausschnitt, Jan Bruegel d. Ä., genannt der Samt- oder Blumen-Bruegel.

TARTE FRANGIPANE

Die junge Herzogin von Medici erhielt zu ihrer Hochzeit ein weiteres originelles Geschenk, das sie sehr zu schätzen wusste: das Rezept für die »Crème à la Frangipane« des Grafen Cesare Frangipani. Die Bäcker von Florenz waren Pioniere in der Zubereitung von Süßspeisen. Sie erhoben sie zu einer wahren Kunstform, deren Siegeszug auch in den königlichen Küchen Frankreichs nicht lange auf sich warten ließ.

FÜR 6 PERSONEN

FÜR DEN TEIG

250 g Mehl

150 g Butter

100 g Puderzucker

2 EL gemahlene Mandeln

1 Ei

FÜR DIE FÜLLUNG

200 g Butter

250 g Zucker

250 g gemahlene Mandeln

2 Eier

2 Eigelbe

1 EL Speisestärke

Einige Tropfen Mandelessenz

FÜR DIE GLASUR

2 EL Aprikosenkonfitüre, passiert

Gestiftelte, geröstete Mandeln

Etwas Puderzucker

♦ Für den Teig das Mehl in eine Schüssel sieben. Die Butter in Stücken, den Puderzucker, die gemahlenen Mandeln und das Ei hinzufügen und mit den Händen oder in der Küchenmaschine zu einem glatten Teig verarbeiten. Nicht zu lange durchwirken. Den Teig in Folie wickeln und mindestens 1 Stunde in den Kühlschrank legen.

♦ Den Ofen auf 180 °C vorheizen. Den Teig ausrollen und eine Springform mit 25–27 cm Durchmesser damit auskleiden.

♦ Für die Füllung die Butter zerlassen. Sämtliche anderen Zutaten zugeben, sorgfältig verrühren und auf dem Teigboden verteilen.

♦ Den Kuchen etwa 45 Minuten backen, bis die Oberfläche eine goldene Farbe angenommen hat und die Füllung gestockt ist. Aus dem Ofen nehmen und mit der Aprikosenkonfitüre bestreichen, solange die Tarte noch heiß ist.

♦ Vor dem Servieren mit den gerösteten Mandelstiften und Puderzucker bestreuen.

LINKS: *›Landschaft im Frühling (Mai)‹, Lucas van Valckenborch, 1587. Häufig wurde in der freien Natur getafelt.*

RECHTE SEITE: *›Festmahl des Herodes des Großen‹, Ausschnitt, Lippi. Die Schönheit des Geschirrs spiegelte den Einfluss Italiens in der Renaissance.*

17. Jahrhundert

WIENER GAUMENFREUDEN

MENÜ

Türkischer Kaffee

Wiener Kaffee

Croissants

Guglhupf

Apfelstrudel

Das 17. Jahrhundert …

Der geheimnisvolle Ursprung des Kaffees

Die Besucher aller Cafés dieser Welt können sich bei dem Polen Franz Georg Kolschitzky für die Existenz dieser Institution in ihrer heutigen Form bedanken. Diese seit dreihundert Jahren unverändert lebendigen Treffpunkte waren seine Idee, ebenso auch einige bedeutende Verbesserungen, die aus dem einstigen bitteren Gebräu das aromatische Getränk machten, das heute fest in der westlichen Welt verankert ist.

Der Ursprung des Kaffees wird auf der arabischen Halbinsel vermutet. Ein jemenitischer Schäfer soll eines Tages bemerkt haben, dass seine Ziegen auf dem Weg zur Weide plötzlich springlebendig wurden, nachdem sie die Früchte eines bestimmten Strauches gegessen hatten. Das Gerücht erreichte einen Religiosen, der daraufhin seinen klösterlichen Brüdern einen Trank aus eben jenen dunklen Bohnen in der Hoffnung bereitete, dass er sie genauso so vitalisieren würde wie die Ziegen. Und tatsächlich, das Wunder geschah. Ihm selbst wie seinen Brüdern gelang es, sogar bei den langatmigsten Gebeten wach zu bleiben.

Einer anderen Legende zufolge wollte Mufti von Aden, der im 9. Jahrhundert lebte, in den Bergen einen Obstgarten anlegen. Dafür verbrannte er zunächst alles, was dort wuchs, um den Boden urbar zu machen. Der köstliche Duft der gerösteten Bohnen breitete sich überall in der Luft aus. Der Mufti ließ sich sogleich einen Trank daraus brauen, und schon war der Kaffee geboren.

Andere Quellen bezeugen, dass man in Persien damals bereits Kaffee trank und dieser im 15. Jahrhundert mit Handelsreisenden nach Aden gelangte.

Wieder andere Historiker behaupten, dass der Kaffeestrauch aus Afrika (Äthiopien) stamme und dass dort bereits tausend Jahre vor seinem Erscheinen im Jemen Kaffee angebaut und getrunken wurde.

In jedem Fall gelangte der Kaffee über Aden nach Mekka, von wo aus er die muslimische Welt eroberte. Im 16. Jahrhundert war Kaffee in der Türkei bereits ein alltägliches Getränk, und Anfang des 17. Jahrhunderts breitete er sich im restlichen Europa aus.

Die Erfindung des Croissants

Der Ursprung des Croissants, jenes kleinen, luftigen Blätterteiggebäcks, das sich im Laufe der Zeit zu einem der Grundpfeiler der französischen Backkunst entwickelte, ist nicht minder Gegenstand kontroverser Debatten. Es kursiert die umstrittene Geschichte, wonach die Bäckerzunft ihre Stadt einmal vor der türkischen Belagerung bewahrte und als Zugabe noch das kleine, halbmondförmige Gebäck erfand: Wien erlebte eine zweimonatige Besetzung, die am 12. September 1683 endete; Budapest wurde drei Jahre später von den Türken eingeschlossen. Der Legende nach vernahmen die Bäcker mitten in der

Nacht das Schaufeln und Hacken der Türken, die einen Tunnel unter den Befestigungsmauern gruben. Sie alarmierten sofort die militärischen Führer und verhinderten so eine Invasion. Nachdem der Feind geschlagen war, erfanden die Bäcker zur Feier des Sieges ein kleines Brötchen in der Form eines Halbmondes (Croissant = anwachsend, zunehmend(er) Mond, Mondsichel), des Symbols der Türken.

Eines ist zumindest unbestritten: Es war nach der Niederschlagung der türkischen Besatzung 1683, als in Wien die ersten Cafés entstanden, die schließlich das soziale Leben der ganzen Welt verändern sollten.

In der Schlacht auf dem Kahlenberg gelang es den Truppen von Kaiser Leopold I., mit Unterstützung des Königs von Polen Johan Sobieski die Stadt von den türkischen Besatzern zu befreien. Die Türken wurden in die Flucht geschlagen und ließen ihre Lager vor den Stadtmauern zurück. Dort fand man Säcke voller Kaffeebohnen. Franz Georg Kolschitzky, ein Spion, trug sämtliche Säcke zusammen und brachte sie nach Wien. Dort machte er die Wiener mit diesem Gebräu vertraut, dessen Zubereitung und Geschmack er bei den Türken kennen gelernt hatte. Im gleichen Jahr eröffnete Kolschitzky neben dem Stephansdom sein erstes Café, doch so recht wollte sich niemand für das neue Gebräu begeistern. Also schritt er zur Veredelung, indem er den Kaffee filterte, mit Honig – später dann mit Zucker – versüßte und mit Milch oder Sahne auffüllte.

Nun endlich erlagen die Wiener dem neuen Getränk. In Kolschitzkys Etablissement wurde es mit dem berühmten Wiener Feingebäck serviert und Kolschitzky selbst schnell zum Inhaber vieler anderer Cafés in der österreichischen Hauptstadt. Die meisten wurden ausschließlich von Männern frequentiert, für die sie beliebte Treffpunkte waren; einige aber standen auch Frauen (in Begleitung!) offen.

Österreichisches Naschwerk war vielfältig: mit Schlagsahne überzogene Kuchen, Guglhupf, Strudel, feinste Kipfel und Brötchen, *petits fours* in allen Variationen und, natürlich, Croissants, damals aus einem gehaltvollen Hefeteig. Die neuen Kaffeehäuser, in denen man bei einem aromatischen Getränk gemütlich sitzen, plaudern und sich entspannen konnte, kamen dem Gemüt der Wiener Gesellschaft sehr entgegen. Mitte des 19. Jahrhunderts zählte die Stadt bereits mehr als fünfzehntausend Cafés.

Fast gleichzeitig mit der Eröffnung des ersten Wiener Kaffeehauses entstanden auch in Italien, England, Holland, Frankreich und anderen europäischen Ländern die ersten Einrichtungen dieser Art. Wegen der sinkenden Kaffeepreise entwickelten sich die Kaffeehäuser im Gegensatz zu den Teesalons zu Treffpunkten aller Schichten. Der Sonnenkönig Ludwig XIV. trank Kaffee angeblich erstmals im Jahre 1644, nachdem ihm Kaufleute aus Marseille das Getränk schmackhaft gemacht hatten. Zu großen Ehren gelangte Kaffee in Paris im 17. Jahrhundert, als Sulaiman Aga, Botschafter des türkischen Sultans und Dauergast in der feinen Gesellschaft, während seines Aufenthaltes in der Stadt seinen Gästen davon servierte. Man schätzte den Kaffee vor allem wegen seiner stimulierenden Wirkung, doch hielt seine Popularität nicht lange an. Erst einige Jahre später, nämlich anno 1686, gelang der endgültige Durchbruch, als der sizilianische Kaufmann Francesco Procopio dei Coltelli seinen Eissalon in das erste Pariser Kaffeehaus, *le Procope*, umgestaltete.

OBEN: *›Belagerung Wiens durch die Türken, Schlacht auf dem Kahlenberg‹. Die von den Türken zurückgelassenen Kaffeebohnen lieferten den Grundstock für Wiens erstes Kaffeehaus.*

LINKE SEITE: *›Kaffee trinkendes türkisches Mädchen‹, Scotin. Türkischer Kaffee, in kleinen Tassen serviert, war bitter und dickflüssig.*

FOLGENDE DOPPELSEITE: *Türkische Frauen trinken auf Polstern kniend Kaffee.*

TÜRKISCHER KAFFEE

Um die revolutionären Veränderungen in der Kultur des Kaffeetrinkens ermessen zu können, die schließlich das Wiener Nationalgetränk hervorbrachten, muss man zunächst den klassischen türkischen Kaffee kennen. Türkischer Kaffee war – und daran hat sich bis heute nichts geändert – ein schwarzes, konzentriertes und zähflüssiges Gebräu, das aus winzigen henkellosen Tassen getrunken wurde. Man kochte ihn in einem speziellen Gefäß und trank ihn je nach Geschmack pur, leicht oder stark gesüßt.

ERGIBT 6 KLEINE TASSEN

600 ml Wasser

6 TL Zucker (nach Belieben)

6 EL türkischer Kaffee

♦ Das Wasser mit dem Zucker in einem speziellen türkischen Kaffeegefäß oder einer Stielkasserolle zum Kochen bringen. Von der Kochstelle nehmen und das Kaffeepulver einrühren.
♦ Den Topf bei milder Hitze wieder auf die Kochstelle setzen und den Kaffee langsam erhitzen, bis er aufschäumt, nach oben steigt und überzukochen droht. Von der Kochstelle nehmen und die Flüssigkeit wieder absinken lassen. Diesen Vorgang mehrmals wiederholen (manche schwören auf sieben Mal, aber zwei- bis dreimal sollte genügen).
♦ Den fertigen Kaffee in kleine Tassen einschenken, dabei den Schaum gleichmäßig verteilen.

WIENER KAFFEE

Die Wiener nahmen bei ihrem Kaffee zwei bedeutende Verbesserungen vor: Sie filterten ihn und setzten Sahne und/oder Milch zu. Getrunken wurde der Wiener Kaffee gesüßt und aus großen Tassen.

ERGIBT 6 TASSEN

6 Tassen frisch zubereiteter Filterkaffee

100 ml flüssige Sahne

Zucker nach Geschmack

Heiße Milch (nach Belieben)

♦ Kaffee in einer Kaffeemaschine oder per Handaufguss zubereiten.
♦ Die Sahne halb steif schlagen (nach Belieben etwas Zucker zugeben). Den Kaffee in Tassen füllen und mit einem Sahnehäubchen krönen.
♦ Sie können dem Kaffee noch etwas heiße Milch zufügen, bevor Sie das Sahnehäubchen aufsetzen.

VARIANTE
Das Sahnehäubchen zusätzlich mit etwas Kaffee-, Kakao- oder Zimtpulver bestreuen.

CROISSANTS

Das Aushängeschild der französischen Bäckerei stammte aus Wien, so sagen die einen, aus Budapest, so sagen die anderen. Wie dem auch sei, es gibt keinen besseren Begleiter zum Morgenkaffee als diese halbmondförmigen Hörnchen.

♦ Die Hefe in der Hälfte des lauwarmem Wassers unter Zugabe von 1 Esslöffel Zucker auflösen und 10 Minuten ruhen lassen.

♦ Das Mehl in einer großen Schüssel mit dem restlichen Zucker und dem Salz vermengen und in die Mitte eine Mulde drücken.

♦ Die aufgelöste Hefe mit dem restlichen Wasser in die Mulde gießen und alles zu einem glatten, geschmeidigen Teig verarbeiten. Zugedeckt an einem warmen Ort gehen lassen, bis sich das Teigvolumen verdoppelt hat.

♦ Den Teig abschlagen, bis er wieder sein ursprüngliches Volumen hat. Erneut zudecken und 1 Stunde in den Kühlschrank stellen.

♦ Den Teig zu einem 20 × 40 cm großen Rechteck ausrollen. Zwei Drittel der Fläche mit der Hälfte der Butter belegen (zwischen zwei Lagen Pergamentpapier auf die erforderliche Größe ausrollen). Das ungebutterte Teigdrittel über die gebutterte Fläche schlagen, dann das andere gebutterte Drittel darüber falten. Das Teigpaket um 90 Grad drehen, sodass die geschlossenen Teigränder nach links und rechts zeigen. Den Teig erneut zu einem Rechteck der gleichen Größe ausrollen und die Teigdrittel auf die gleiche Weise übereinander schlagen, sodass ein dreilagiges Paket entsteht. Kurz ruhen lassen, erneut ausrollen, ein weiteres Mal zusammenfalten und 1 Stunde im Kühlschrank ruhen lassen.

♦ Den gesamten Vorgang mit der restlichen Butter wiederholen.

♦ Den Teig etwa 2 cm dick ausrollen und zu Dreiecken von 10 × 15 × 15 cm schneiden. Die Dreiecke von der schmalen Seite aus zur Spitze hin aufrollen und die Enden halbmondförmig nach innen biegen. Auf ein mit Backpapier ausgelegtes Blech legen.

♦ Den Ofen auf 220 °C vorheizen. Das Ei verschlagen und die Croissants damit bestreichen. Im Ofen in 15–20 Minuten goldgelb backen.

ERGIBT
12 CROISSANTS

15 g frische Hefe

120 ml lauwarmes Wasser

3 EL Zucker

250 g Mehl

1 TL Salz

150 g Butter

1 Ei

LINKE SEITE: *›Zur Stadt Wien, Am Hauptbahnhof, Wiener Kaffeehaus‹, Schwarzer, 1915. Kaffeehäuser boten den Großen Braunen (Milchkaffee), Wiener Melange (Kaffee mit Sahnehäubchen), Kuchen und Wiener Feingebäck.*

GUGLHUPF

Guglhupf, ein runder Kuchen in Form einer hohen Krone, war im Kaiserreich Österreich-Ungarn weit verbreitet und ist in den germanischen Ländern auch heute noch ein sehr beliebtes und variantenreiches Gebäck. In Russland gibt es einen sehr ähnlichen Kuchen, der babka *genannt wird. Französische Varianten sind der* savarin *und der* baba au rhum, *die beide auf dieses Rezept zurückgehen.*

FÜR 6 PERSONEN

30 g frische Hefe

150 ml lauwarme Milch

100 g Zucker

400 g Mehl

2 Eier

1 Eigelb

100 g zerlassene Butter

Abgerieben Schale von 1 unbehandelten Zitrone

100 g Rosinen

Puderzucker zum Besieben

♦ Die Hefe in der Milch unter Zugabe von 2 Teelöffeln Zucker und 2 Esslöffeln Mehl auflösen und an einem warmen Ort etwa 10 Minuten gehen lassen.

♦ Das restliche Mehl in eine Schüssel füllen und in die Mitte eine Mulde drücken. Die Hefemischung, den restlichen Zucker, die Eier, das Eigelb, die zerlassene Butter und die Zitronenschale in die Mehlmulde geben und sämtliche Zutaten sorgfältig zu einem klebrigen Teig verarbeiten.

♦ Den Teig weitere 5 Minuten durchwirken, bis er nicht mehr an der Schüsselwand oder der Arbeitsfläche klebt. Sie können dafür auch eine mit einem Knethaken ausgestattete Küchenmaschine verwenden. Die gewaschenen, abgetrockneten Rosinen sorgfältig in den Teig einarbeiten.

♦ Den Teig in eine gefettete Guglhupfform füllen (auch den Mittelzapfen der Form gut fetten!). Die Form mit einem Tuch bedecken und den Teig an einem warmen Ort etwa 1 Stunde gehen lassen, bis er sein Volumen verdoppelt hat.

♦ Den Ofen auf 200 °C vorheizen. Den Kuchen auf der mittleren Einschubleiste etwa 45 Minuten backen. Garprobe: Einen Holzspieß in die dickste Stelle stechen. Bleibt kein Teig mehr daran kleben, ist der Kuchen fertig gebacken. Den Gugelhupf aus dem Ofen nehmen und auf einem Rost abkühlen lassen. Vor dem Servieren aus der Form stürzen und mit Puderzucker besieben.

Wiener Kaffeehäuser waren bereits im 18. Jahrhundert beliebte Treffpunkte.

APFELSTRUDEL

Das Rezept für den hauchdünnen Wiener Strudelteig stammt sehr wahrscheinlich aus der türkischen Küche. Es handelt sich dabei schlicht um eine Abwandlung des Filoteiges. Seine Zubereitung erfordert allerdings ein gehöriges Maß an Geschick. Sie können aber genauso gut fertige Filoteigblätter verwenden, die es in griechischen und türkischen Lebensmittelgeschäften zu kaufen gibt.

♦ Das Mehl mit dem Salz in einer Schüssel vermengen. In die Mitte eine Mulde drücken und nach und nach unter ständigem Rühren das Wasser und die zerlassene Butter einarbeiten, bis ein zäher Teig entsteht. Den Teig auf der bemehlten Arbeitsfläche »rund schleifen«, das heißt mit den Handballen so lange durchkneten, bis er glatt und geschmeidig ist.

♦ Ein gläserne Schüssel in sehr heißem Wasser erwärmen. Den Teig hineinlegen, mit einem Tuch bedecken und 30 Minuten ruhen lassen.

♦ Für die Füllung die Äpfel schälen, vom Kerngehäuse befreien und in dünne Scheiben schneiden oder grob raspeln. Mit der Zitronenschale und der Vanilleessenz vermengen.

♦ Den Ofen auf 200–220 °C vorheizen. Eine große, ofenfeste Form oder ein Backblech mit Backpapier auslegen und mit zerlassener Butter bestreichen.

♦ Den Teig auf einem sauberen Küchentuch zu einem großen Rechteck formen. Dabei zunächst mit einer Teigrolle arbeiten, dann den Teig mit den Handrücken vorsichtig von innen nach außen auseinanderziehen (darauf achten, dass er nicht reißt). Sie sollten ein etwa 50 × 70 cm großes Rechteck erhalten. Die Ränder mit einem Messer begradigen und den Teig mit der Hälfte der zerlassenen Butter bestreichen.

♦ Den Teig gleichmäßig mit den Semmelbröseln bestreuen. An den kurzen Rändern einen 5 cm breiten Streifen frei lassen, damit sich der aufgerollte Strudel versiegeln lässt. Auf den Semmelbröseln gleichmäßig den Zucker, die Rosinen, die Mandeln oder Nüsse und die Äpfel verteilen.

♦ Den frei gelassenen Rand über die Füllung schlagen und den Strudel mit Hilfe des Tuchs möglichst straff aufrollen.

♦ Den Strudel auf das Blech oder in die Form legen, mit der restlichen Butter bestreichen und im vorgeheizten Ofen etwa 35 Minuten goldgelb backen. Warm servieren.

FÜR 6 PERSONEN

FÜR DEN TEIG

200 g Mehl

1 Prise Salz

80 ml lauwarmes Wasser

50 g zerlassene Butter

FÜR DIE FÜLLUNG

1 kg Äpfel einer säuerlichen Sorte (Boskoop, Granny Smith oder Cox Orange)

Abgeriebene Schale von 1 unbehandelten Zitrone

Einige Tropfen Vanilleessenz

100 g zerlassene Butter

50 g Semmelbrösel

150 g Zucker

50 g Rosinen

50 g Mandeln oder Haselnusskerne, grob gehackt

18. Jahrhundert

EIN FESTESSEN ZUM THANKSGIVING

MENÜ

Gefüllter Truthahn

Cranberrysauce

Batatenpüree

Gedämpfter Brokkoli

Kürbiskuchen mit Pekannüssen

Eistee

Das 18. Jahrhundert …

Die Boston Tea Party

Man kann sich vorstellen, wie das Wasser der Boston-Bay am 17. Dezember 1773 geschmeckt haben muss, nachdem dreihundertzweiundvierzig Kisten Tee darin gezogen hatten. Den Engländern wird es bitter aufgestoßen sein, doch für die Einwohner der dreizehn Kolonien der Neuen Welt war es ein Vorgeschmack auf die Unabhängigkeit. Jenes Ereignis, das als »Boston Tea Party« in die Geschichte einging, löste den amerikanischen Unabhängigkeitskrieg aus.

Nachdem Tee im 17. Jahrhundert bereits Europa und vor allem England erobert hatte, spielte er im 18. Jahrhundert im Streit der englischen Kolonien in Amerika mit dem Mutterland eine zentrale Rolle, denn die von der englischen Regierung erhobene Teesteuer war eine wichtige Einnahmequelle.

Boston wurde im Jahre 1630 von etwa tausend neuen englischen Siedlern gegründet, die in der Bucht von Massachusetts gelandet waren. 1773 war Boston mit siebzehntausend Einwohnern die zweitgrößte Stadt aller dreizehn Kolonien und eines der wichtigsten politischen Zentren Amerikas. Bei Zusammenstößen mit der Armee wurden 1770 beim »Massaker von Boston« vier Menschen getötet. Die englische Krone hatte der East India Company (Ostindische Handelskompanie) das Monopol über den Teeexport in die Kolonien überlassen. Die Auflehnung der Kolonisten gegen eine ganze Reihe von Steuern, die ihnen die Krone auferlegte, obwohl sie nicht einmal über eine Vertretung im britischen Parlament verfügten, rief eine machtvolle Widerstandsbewegung gegen das Mutterland ins Leben.

Die Boston Tea Party ereignete sich unweit der Stelle, wo sich rund fünfhundert Jahre zuvor die ersten angelsächsischen Emigranten niederließen.

In Gedenken an die »Mayflower«

Die ersten Siedler, die am 11. November 1620 an Bord der Mayflower in New Plymouth die Küste Neuenglands erreichten, waren englische Ketzer, die von der anglikanischen Kirche verfolgt wurden. Die »Pilgrim Fathers«, eine ärmliche Gruppe von Bauern, Handwerkern und kleinen Kaufleuten, brachten nur

RECHTS: *Anlandende Siedler.*

RECHTE SEITE: *›Boston Tea Party‹, Stich eines unbekannten Künstlers, 18. Jahrhundert.*

ein paar Werkzeuge und so gut wie keine landwirtschaftlichen Kenntnisse mit in die Neue Welt. Doch dank ihrer Berechtigung, sich im Norden der englischen Kolonie Virginia niederzulassen, verfügten sie über fruchtbare Böden, die sich an der gesamten Küste entlang der Bucht erstreckten.

Im ersten Jahr ernährten sich die Pilgrims noch von den Resten ihres Reiseproviants – geräucherte oder gesalzene Fisch- und Fleischwaren, einige Getreide und getrocknete Erbsen. In der Gegend selbst fanden sie Mais, Lauch, Zwiebeln und Bohnen, aber auch Fisch und Meeresfrüchte. Dank eines Indianers, der sie in die Kunst des Maisanbaus und Fischens einweihte, trugen ihre Bemühungen schon bald eigene Früchte. Sie jagten Wildenten und Truthähne. Obwohl ein Drittel der Pilgerväter bereits in den ersten drei Monaten an Hunger oder Krankheit starben, konnten die Überlebenden nach einem Jahr die erste Ernte mit einem dreitägigen Fest feiern. Dazu luden sie zweiundneunzig Indianer ein, mit denen sie sich verbündet hatten. Auch Austern und Aale, Mais- und Weizenbrot sowie Wein wurden serviert. Die Indianer steuerten fünf Hirschkühe bei, die sie über einem Holzfeuer grillten.

Seither wird dieses »Thanksgiving« getaufte Erntedankfest in jedem Herbst gefeiert. Präsident Abraham Lincoln erklärte es sogar zum Nationalfeiertag. Seit 1939 ist das Fest auf den vierten Donnerstag im November fixiert und blieb seitdem unverändert.

Auch heute noch setzt sich das Festessen aus den traditionellen Speisen zusammen, die die Siedler auf ihrem allerersten Erntefest zubereitet hatten: Gefüllter Truthahn, Maisbrot, Kürbis, Kartoffeln und Nüsse sind immer dabei.

GEFÜLLTER TRUTHAHN

Die traditionelle Füllung für einen Truthahn zum Thanksgiving besteht aus Maisbrot, doch kann man es selbstverständlich auch durch gewöhnliches Weißbrot vom Vortag ersetzen. Der Vogel wird erst, kurz bevor er in den Ofen kommt, gefüllt. Die Füllung selbst lässt sich aber gut im Voraus zubereiten.

›Der Koch‹, Stich von M. Engelbrecht, Augsburg, um 1735.

♦ Für die Füllung in einer großen Pfanne 100 g der Butter aufschäumen lassen und die Zwiebeln sowie den Sellerie darin anschwitzen, bis sie etwas weich geworden sind. Die Kräuter, den Pfeffer, Salz und die restliche Butter zugeben und alles gut vermengen. Sofort von der Kochstelle nehmen.

♦ Die Weißbrotwürfel in eine große Schüssel füllen, mit der vorbereiteten Mischung übergießen und vermengen. Die Äpfel und die Petersilie zufügen und gleichmäßig untermischen. Falls die Füllung nicht gleich weiterverarbeitet wird, zugedeckt in den Kühlschrank stellen.

♦ Den Truthahn auf die Arbeitsfläche setzen und mit der vorbereiteten Farce füllen. Nicht zu viel Farce in die Bauchhöhle stopfen, da sie sich beim Garvorgang ausdehnt. Reste können Sie, in Alufolie gewickelt, separat im Ofen mitgaren.

♦ Den Ofen auf 180 °C vorheizen. Den Truthahn mit Metallspießen verschließen oder mit Küchengarn zunähen. Die Keulen zusammenbinden und die Flügel mit Küchengarn am Körper fixieren.

♦ Den Truthahn auf einem Grillrost in eine Bratenpfanne setzen. Mit der Butter bestreichen und 2½ Stunden im Ofen braten, bis die Haut goldbraun und der beim Einstechen in die Schenkel austretende Saft klar ist.

FÜR 12 PERSONEN

1 Truthahn (etwa 5 kg), küchenfertig

50 g Butter oder Margarine

FÜR DIE FÜLLUNG

150 g Butter

3 große Zwiebeln, gehackt

200 g Knollensellerie, grob geraspelt

½ TL getrockneter Majoran

½ TL getrockneter Thymian

½ TL getrockneter Salbei

1 TL gemahlener weißer Pfeffer

Salz

750 g altbackenes Weißbrot (mindestens einen Tag alt), gewürfelt

4 säuerliche Äpfel, geschält, entkernt und gewürfelt

1 kleines Bund Petersilie, gehackt

CRANBERRYSAUCE

In der Gegend, in der die ersten Siedler ihren Fuß in die Neue Welt setzten, wuchsen auch Cranberries (auch Kranichbeeren oder Amerikanische Moosbeeren genannt). Die in Neuengland landenden Seeleute entdeckten schnell die Vorzüge dieser Frucht, die dank ihres hohen Vitamin-C-Gehalts ein hervorragendes Mittel gegen Skorbut war. Außerdem gelten Saucen aus roten Früchten seit jeher als exzellente Begleiter zu Wild. Zwei gute Gründe, die diese Sauce zum festen Bestandteil des traditionellen Thanksgivings werden ließen. Als Ersatz für die Cranberries können die botanisch verwandten, wild wachsenden, aber kleineren Preiselbeeren verwendet werden.

FÜR 12 PERSONEN

500 g Cranberries (ersatzweise Preiselbeeren)

200 g Zucker

500 ml Wasser

♦ Die Cranberries gründlich waschen. Das Wasser mit dem Zucker aufkochen und die Früchte in den kochenden Sirup einrühren.

♦ Nach dem nochmaligen Aufkochen die Hitze herunterstellen und die Beeren unter gelegentlichem Rühren 10 Minuten köcheln lassen.

♦ Von der Kochstelle nehmen und vor dem Servieren vollständig abkühlen lassen.

›Die Boston Tea Party‹, Lithographie von N. Currier, 1846.

BATATENPÜREE

Bataten – Süßkartoffeln – sind ebenfalls eine Entdeckung aus der Neuen Welt. Die Eingeborenen verwendeten sie für zahlreiche Speisen, zum Beispiel als Beilage zu Fleisch, als eigenständiges Gericht oder für süße Kuchen.

FÜR 12 PERSONEN

6 Bataten

50 g Butter

1/2 TL Salz

100 ml Sahne

Abgeriebene Schale von 1 unbehandelten Zitrone

♦ Die Bataten schälen, in grobe Würfel schneiden und in einer großen Kasserolle mit Wasser bedecken. Zum Kochen bringen, die Temperatur herunterstellen und bei milder Hitze 20 Minuten köcheln lassen, bis die Bataten weich sind.

♦ Die Bataten abgießen, abtropfen lassen und mit einem Kartoffelstampfer zerdrücken. Die Butter, das Salz, die Sahne und Zitronenschale sorgfältig unterziehen und sofort servieren.

GEDÄMPFTER BROKKOLI

Grünes Gemüse wie Brokkoli ist eine beliebte Beilage zu Truthahn. Es verleiht dem Gericht eine erfrischende Note und einen schönen farblichen Kontrast.

FÜR 12 PERSONEN

1 kg Brokkoli

Salz

50 g zerlassene Butter

Pfeffer

1 Prise geriebene Muskatnuss

♦ Die Brokkoliröschen vom dicken Strunk trennen und in sehr wenig leicht gesalzenem Wasser oder im Dämpfeinsatz garen, sodass sie weich sind, aber noch etwas Biss haben.

♦ Den Brokkoli abgießen und auf einer Servierplatte anrichten. Mit der zerlassenen Butter übergießen, mit Pfeffer und Muskatnuss würzen und servieren.

KÜRBISKUCHEN MIT PEKANNÜSSEN

Die ersten amerikanischen Siedler bauten entlang ihren Maisfeldern auch Kürbisse an, die sich rasch zu einem integralen Bestandteil der amerikanischen Küche entwickelten. Süßer Kürbiskuchen wurde zum traditionellen Thanksgiving-Dessert. Amalia Simmons, die Autorin des ersten amerikanischen Kochbuchs, das Ende des 18. Jahrhunderts in Connecticut veröffentlicht wurde, entwickelte gleich mehrere Rezeptvarianten.

♦ Für den Teig das Mehl in eine Schüssel sieben. Die Butter in kleinen Würfeln zugeben und alles zu einem krümeligen Teig verarbeiten. Das Wasser darüber träufeln und mit Hilfe einer Gabel in die Mischung einarbeiten, sodass diese gut mit Feuchtigkeit durchsetzt ist. Rasch zu einem homogenen Teig verkneten und zu einer Kugel formen.
♦ Den Teig ausrollen und den Boden und die Ränder einer Tarteform mit 25 cm Durchmesser damit auskleiden. Die Form im Kühlschrank 30 Minuten kalt stellen.
♦ Für den Belag den Kürbis von Schale, Kernen und Fasern befreien. Das Fruchtfleisch in kleine Würfel schneiden und in sehr wenig Wasser so lange garen, bis es sich mit einer Gabel mühelos zerdrücken lässt.
♦ Den Ofen auf 180 °C vorheizen. Die Kürbiswürfel abtropfen lassen und möglichst sämtliche Flüssigkeit herauspressen. Das Fruchtfleisch in der Küchenmaschine oder mit der Gabel zerkleinern. Die Eier, den Zucker, den Sirup oder Honig, die Speisestärke, das Salz und die Gewürze hinzufügen und sorgfältig vermengen.
♦ Die Mischung in die vorbereitete Form füllen und gleichmäßig verteilen. Im Ofen etwa 20 Minuten backen, bis die Oberfläche des Kuchens fest ist. Aus dem Ofen nehmen und die Pekannüsse dekorativ auf dem Kuchen verteilen. Weitere 20–30 Minuten backen. Der Kuchen ist fertig, wenn an einem in der Mitte eingeführten Messer keine Rückstände kleben bleiben.
♦ Den Kürbiskuchen abkühlen lassen und mit Schlagsahne servieren.

FÜR 12 PERSONEN

FÜR DEN TEIG

250 g Mehl

100 g kalte Butter

2–3 EL Eiswasser

FÜR DEN BELAG

1 kg Kürbis

4 Eier

150 g brauner Zucker

120 ml Maissirup oder Honig

15 g Speisestärke

1/2 TL Salz

1 Prise geriebene Muskatnuss

1 Prise gemahlener Ingwer

1 Prise Jamaika-Pfeffer

100 g Pekannüsse

EISTEE

FÜR 6 PERSONEN

$2^1/_2$ l kräftiger Schwarztee, gekühlt

Zucker nach Geschmack

Frischer Zitronensaft nach Geschmack

1 unbehandelte Zitrone, in feine Scheiben geschnitten

Eiswürfel

Den Tee als Eistee zu kredenzen wurde auf einer Gastronomiemesse »erfunden«. Es war an einem besonders heißen Tag, und so hatte einer der Aussteller die glorreiche Idee, seine Handelsware, um sie den potenziellen Kunden noch schmackhafter zu machen, mit Eiswürfeln zu servieren.

Mittlerweile ist Eistee zu einem amerikanischen Klassiker geworden. Das Rezept ist denkbar einfach: Sämtliche Zutaten in einem Krug verrühren und eisgekühlt servieren.

›Das Verpacken des Tees‹, anglochinesische Kunst.

19. Jahrhundert

MARENGO, DAS MAHL DES TRIUMPHES

MENÜ

Trüffelpastetchen

Huhn »Marengo«

Reis mit Parmesan

Apfel-Charlotte

Das 19. Jahrhundert …

Trotz der großen Zahl der Opfer, darunter Napoleons enger Freund Desaix de Veygoux, ist der entscheidende Sieg der Franzosen über die Österreicher in der Schlacht von Marengo unbestritten. Doch ein Rätsel ist geblieben: Wer ist der Urheber des Rezeptes, das den Namen dieser berühmten Schlacht trägt, wer der Erste, der es zubereitete?

Selbst jene, die Dunant, Napoleons Leibkoch, das Verdienst zusprechen, räumen ein, dass er sich von einer anderen berühmten Spezialität, dem »Huhn à la provençale«, inspirieren ließ. Um einen plötzlichen Hungeranfall des Generals zu kurieren, soll Dunant seine Helfer ins nächstgelegene Dorf geschickt haben, um etwas zu essen aufzutreiben. Sie brachten ein kleines Huhn, drei Eier, vier Tomaten, sechs Krebse, etwas Olivenöl, Knoblauch und eine große Pfanne. Napoleon war angeblich so begeistert von dem improvisierten Schmaus, dass er ihn fortan nach jeder geschlagenen Schlacht verlangte. Der ergebene Koch bereitete also, während wieder einmal eine Schlacht ihrem Höhepunkt entgegentobte, das Gleiche noch einmal zu; allerdings ersetzte er diesmal die Krebse durch Champignons. Napoleon bemerkte den Unterschied sofort und brüllte: »Sie haben die Krebse weggelassen, wollen Sie mich ins Unglück stürzen?« Das Huhn ließ er unberührt. Derart in die Enge getrieben, gab Dunant den Krebsen den ihnen gebührenden Ehrenplatz in dem Gericht wieder zurück. Und den haben sie bis heute behalten.

Eine andere Version berichtet von dem Pariser Restaurant La Grâce de Dieu, das am Tage der Schlacht von Marengo ein Ragout – allerdings vom Kalb – mit Tomatensauce servierte. Als die Kunde von der siegreichen Schlacht die Stadt erreichte, widmete der Wirt das Gericht kurzerhand den Siegern.

Viele behaupten jedoch, dass weder Dunant noch der Pariser Wirt das Huhn »Marengo« erfanden, da Tomaten zu jener Zeit noch als giftig galten und erst später in das Rezept eingingen, sondern der Staatsmann Talleyrand, der es sich angeblich kurz vor seinem Tode servieren ließ. Nach dem Geheimnis der Zubereitung gefragt, rief der einstige Außenminister Napoleons aus: »Um die Schlacht von Marengo zu gewinnen, musste Napoleon seinen Freund Desaix opfern; für das Gelingen dieses Rezeptes muss man im letzten Moment die Tomaten opfern.«

LINKE SEITE: *›Die Schlacht von Marengo‹, 14. Juni 1800, Lejeune.*

LINKS: *›Tod des Generals Desaix‹, Regnault.*

Eine gastronomische Revolution

Napoleon war alles andere als ein Feinschmecker und hatte schlechte Tischmanieren. Erst nach seiner Krönung zum Kaiser arrangierte er sich notgedrungen mit der Etikette, und sein Hof erlebte Bankette, die denen der vorrevolutionären royalistischen Tradition in nichts nachstanden. Dennoch gebührt ihm ein Ehrenplatz in den Annalen der Lebensmittelhistorie, denn er war der Initiator zweier großer Errungenschaften, die für die folgenden Generationen einer gastronomischen Revolution gleichkamen.

Von Beginn seiner ehrgeizigen Feldzüge an beschäftigte Napoleon das Problem des Lebensmittelnachschubs für die Streitkräfte fern der Heimat. 1794 schrieb der Kaiser in spe eine Belohnung von zwölftausend Francs für denjenigen aus, der einen Weg fände, Lebensmittel dauerhaft zu konservieren. Nicolas Appart, ein Pariser Koch, krempelte sich also die Ärmel hoch und erfand die Haltbarmachung im Vakuum. Die neuen Konserven begleiteten fortan die Armeen des Kaisers, und im Jahre 1810, nachdem die Erfindung publik geworden war, machten sich die Engländer an die kommerzielle Herstellung von Konservenbüchsen aus Weißblech.

Sollte die Konserve in erster Linie militärischen Erfordernissen genügen, wurde Napoleons zweiter kulinarischer Beitrag aus der Not einer politischen Beschränkung geboren. Das von England verhängte Zuckerembargo, das Frankreich daran hinderte, Zucker aus den Kolonien der Neuen Welt, wie Martinique und Guadeloupe, einzuführen, zwang Napoleon, nach einer Alternative Ausschau zu halten. Mit seiner Unterstützung baute der Unternehmer Benjamin Delessert die erste Zuckerrübenfabrik der Welt. Innerhalb von zwei Jahren entstanden zweihundertdreizehn weitere Fabriken, welche Frankreich in die Unabhängigkeit vom Seehandel entließen.

TRÜFFELPASTETCHEN

Brillat-Savarin nannte die Trüffel den »schwarzen Diamanten der Küche«. Bei den Wohlhabenden des 19. Jahrhunderts war der kostspielige Pilz weitaus häufiger auf dem Esstisch vertreten als heute. Das folgende Rezept ist eine Abwandlung des Trüffelragouts »à la Brillat-Savarin« und harmoniert hervorragend mit jenem »bescheidenen« Gericht, das Napoleon bei Marengo verspeiste. Wir haben bei unserer Version die ansehnliche Menge Trüffeln etwas reduziert und durch die Eier ersetzt, die wir im Gegenzug beim Huhn »Marengo« eingespart haben.

FÜR 6 PERSONEN

3 große, feste Trüffeln

Salz

Frisch gemahlener weißer Pfeffer

4 Eier

50 ml saure Sahne

50 g Butter

5 cl Madeira

100 ml klare Hühner- oder Kalbsbrühe

6 Blätterteigpastetchen

♦ Die Trüffeln dünn schälen und in 1 mm feine Scheiben hobeln oder in Stäbchen schneiden. Salzen und pfeffern.

♦ Kurz vor dem Anrichten die Blätterteigpastetchen im Ofen leicht erwärmen. Die Eier mit der sauren Sahne verschlagen. In einer Pfanne die Hälfte der Butter zerlassen und die Eiermasse darin unter ständigem Rühren so lange garen, bis sie gerade eben gestockt ist. Die Blätterteigpasteten zu gleichen Teilen mit dem Rührei füllen. Mit Salz und Pfeffer würzen.

♦ In einer weiteren Pfanne die restliche Butter aufschäumen lassen. Die Trüffeln darin einige Minuten sanft angehen lassen, ohne sie zu braten.

♦ Die Trüffeln gleichmäßig in die gefüllten Pasteten verteilen. Den Butterrückstand in der Pfanne mit dem Madeira und der Brühe ablöschen und bei lebhafter Hitze auf die Hälfte einkochen lassen.

♦ Die Trüffelpastetchen mit der Sauce überziehen und servieren.

›Der Feinschmecker‹,
L. L. Boilly (1761–1845).

HUHN »MARENGO«

Dieses berühmte Gericht ist zigmal modifiziert worden, sogar von seinem vermeintlichen Erfinder selbst – Dunant, Leibkoch von Kaiser Napoleon –, der statt der Krebse Pilze hinzufügte und den Cognac durch Wein ersetzte. Die hier vorgeschlagene Zubereitung ist weniger aufwendig, aber nicht minder köstlich. Sie ist angepasst an den modernen Gaumen und damit etwas leichter als das Original. Wenngleich es sich um ein einfaches, rustikales Gericht handelt, das verblüffend an das Rezept vom Coq au vin erinnert, sollten die Hühner, die möglichst frisch gekochte Geflügelbrühe und der Wein von bester Qualität sein.

♦ Die Hühner in je 8 Teile zerteilen (Ober- und Unterschenkel, Brusthälften und Flügel). Salzen und pfeffern.

♦ In einer großen Sauteuse die Hälfte des Olivenöls erhitzen. Die Hühnerstücke mit der Haut nach unten bei mittlerer Hitze goldgelb anbraten (etwa 10 Minuten bei Flügeln und Bruststücken, etwa 15 Minuten bei den Schenkelstücken).

♦ Die Geflügelstücke aus der Sauteuse nehmen und in dem gleichen Fett den Knoblauch und die Champignons 3 Minuten anschwitzen.

♦ Die Geflügelstücke zusammen mit dem Bouquet garni wieder einlegen, die Brühe und den Wein zugießen und zum Kochen bringen. Die Hitze herunterstellen und zugedeckt etwa 15 Minuten köcheln lassen.

♦ Inzwischen die Tomaten mit kochendem Wasser überbrühen und enthäuten. Die Samen entfernen und das Fruchtfleisch in sehr feine Würfel schneiden. Das restliche Öl in einer Pfanne oder einer kleinen Kasserolle erhitzen und die Tomatenwürfel darin etwa 7 Minuten schmoren, bis sie ganz weich sind.

♦ Das Mehl über die Tomaten streuen und gründlich verrühren. Die fertigen Geflügelstücke mit den Champignons auf einer Platte anrichten. Die Garflüssigkeit unter ständigem Rühren in die Tomatenmischung gießen und kurz aufkochen, bis die Sauce eine kräftige rote Farbe angenommen hat. Mit Salz, Pfeffer und einer Prise Zucker abschmecken.

♦ Die Hühnerstücke mit der Sauce nappieren. Sie können die Sauce vor dem Servieren auch durch ein Sieb passieren.

FÜR 6 PERSONEN

2 kleine Hühner (je 1 kg)

Salz, Pfeffer

80 ml Olivenöl

1 große Knoblauchzehe

350 g Champignons

1 Bouquet garni

350 ml Geflügelbrühe

250 ml Weißwein

4 große Tomaten

20 g Mehl

1 Prise Zucker

REIS MIT PARMESAN

FÜR 6–8 PERSONEN

30 ml Olivenöl

200–250 g Langkornreis, gewaschen, abgetropft

500 ml Hühner- oder Kalbsbrühe

5 g Salz

1 Prise Safran

40 g Parmesan, fein gerieben

Der wie beim italienischen Risotto kurz vor Ende der Garzeit untergerührte Käse verleiht dem Reis einen edlen Duft und Geschmack.

♦ Das Öl in einer Kasserolle erhitzen und den Reis darin unter Rühren glasig schwitzen.

♦ Mit der Brühe auffüllen, das Salz und den Safran einrühren und zum Kochen bringen. Den Reis bei lebhafter Hitze so lange kochen lassen, bis er fast sämtliche Flüssigkeit aufgenommen hat und an der Oberfläche kleine Kanäle sichtbar werden.

♦ Die Hitze auf niedrigste Stufe stellen. Den Topf mit einem Deckel fest verschließen und weitere 15 Minuten ausquellen lassen. Den Reis von der Kochstelle nehmen und den Deckel noch etwa 5 Minuten fest verschlossen halten.

♦ Kurz vor dem Servieren den fein geriebenen Parmesan sorgfältig untermischen.

APFEL-CHARLOTTE

FÜR 6 PERSONEN

12 grüne Äpfel (z. B. Granny Smith)

50 g Zucker

150 g Butter

1 TL gemahlener Zimt

Abgeriebene Schale von 1 unbehandelten Zitrone

50 g Aprikosenkonfitüre

1 große Brioche

Den Namen »Charlotte« erhielt dieses berühmte Dessert von Marie Antoine Carême, dem bedeutendsten Koch des 19. Jahrhunderts, der es zu Ehren der großen Charlotte, Gattin von König Georg III., kreierte. Carême, der auch für Napoleon kochte, arbeitete zu jener Zeit, als Charlotte die Geschicke des Königreichs lenkte, für den Sohn des Königs, den künftigen Georg IV. Unsere »Charlotte« kommt den ersten Versionen dieses Desserts vermutlich sehr nahe. Nach seiner Rückkehr nach Paris erfand Carême noch weitere Charlotte-Füllcremes, darunter auch eine mit Bayerischer Creme.

♦ Die Äpfel schälen, entkernen und vierteln. Die Apfelstücke mit dem Zucker und 50 g der Butter in einer großen Kasserolle bei mittlerer Hitze unter gelegentlichem Rühren zu einem dicken, fast trockenen Kompott einkochen. Von der Kochstelle nehmen und den Zimt, die Zitronenschale und die Konfitüre gleichmäßig unterrühren.

♦ Während die Äpfel garen, die restliche Butter zerlassen. Die Brioche in dünne Scheiben schneiden; die Rinde entfernen. Einige Briochescheiben herzförmig ausstechen oder ausschneiden, die Herzen kurz in der zerlassenen Butter wenden und den Boden einer dick ausgebutterten Charlottenform damit auskleiden. Die verbliebenen Briochescheiben in Streifen schneiden, ebenfalls in der Butter wenden und die Seiten der Form damit auskleiden.

♦ Den Ofen auf 200–220 °C vorheizen. Die Apfelmischung in die Form füllen und mit den restlichen, in Butter getränkten Briochestreifen bedecken.

♦ Die Charlotte in etwa 40 Minuten goldgelb backen. Aus dem Ofen nehmen, einige Minuten ruhen lassen und auf eine Servierplatte stürzen. Heiß mit Vanillesauce oder -eis servieren.

RECHTE SEITE:
›Gesellschaftstee‹, Lithographie nach Devéria, um 1840.

20. Jahrhundert

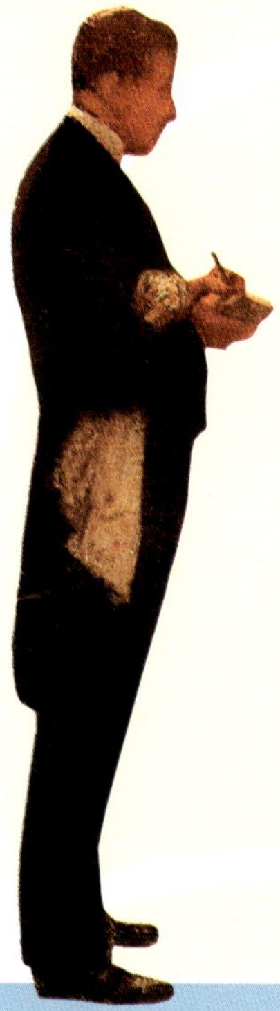

DAS GLOBALE RESTAURANT

MENÜ

Nori maki (Sushi)

Kalmare auf Zuckerschoten und Spargel
mit Passionsfruchtsauce
Gebäck mit Sonnenblumenkernen

Hähnchenbrust mit Trüffeln und
Möhren-»Tagliatelle«

»Israelischer Couscous«

Grüner Salat mit Levantiner Sauce

Aromatisierter Pfirsich Melba

Das 20. Jahrhundert ...

Die Philosophie, die den dominierenden Strömungen der modernen Küche am Ende des 20. Jahrhunderts zugrunde lag, müsste allen Köchen, die zweitausend Jahre kulinarische Geschichte mitgeschrieben haben, widersinnig erscheinen. Zum einen bestanden und bestehen diese Moden aus der Tendenz zu einer globalen Küche, deren Reichtum in der Bescheidenheit liegt, deren Geschmack durch den Respekt vor dem Ausgangsprodukt und maßvolles Würzen bestimmt wird, deren Harmonie einem ausbalancierten Zusammenspiel der Zutaten entspringt und deren Raffinesse durch Schlichtheit besticht. Dieser »Fusionsküche«, die eine völlige Verschmelzung der verschiedenen kulinarischen Genres betreibt, steht eine vollkommen entgegengesetzte Tendenz gegenüber: die Rückkehr zu einer bodenständigen, verwurzelten und authentischen Küche. Die globale Kochschule strebt nach der Kreuzung von in Theorie und Praxis so unterschiedlichen Esskulturen wie den japanischen, französischen und italienischen, indem sie Luxusprodukte mit Grundnahrungsmitteln einer weltumfassenden Speisekammer miteinander kombiniert. Die Küche der Rückbesinnung knüpft dagegen an die Tradition der regionalen, ländlichen Kost an und kehrt zur einfachen, natürlichen Zubereitung zurück, die das ursprüngliche und unverfälschte Aroma einfachster Speisen wieder zur Geltung bringt. Köche hatten also nie bessere und vielfältigere Wirkungsmöglichkeiten als in der heutigen Zeit. Die Zauberformel lautet dabei »Kreativität«, und so muss der moderne Koch, um Erfolg zu haben, immer wieder Grenzen überschreiten und gekonnt und erfindungsreich mit Konventionen brechen.

Der Stand der internationalen Küche am Beginn des 21. Jahrhunderts ist das Ergebnis vielfältiger Umwälzungen, die sich vor allem im Laufe des letzten Jahrhunderts in allen kulinarischen Bereichen vollzogen.

Auguste Escoffier, der Wegbereiter

Der Pionier der modernen französischen Küche war Auguste Escoffier. Man nannte ihn auch den »König der Köche« und den »Koch der Könige«. Seine Kunst übte Escoffier Ende des 19. und Anfang des 20. Jahrhunderts für das französische Großbürgertum der Belle Epoque aus. Sein 1903 erschienenes Hauptwerk *Le Guide culinaire* (deutsch: »Kochkunstführer«, 1950) wurde für alle nachfolgenden Kochgenerationen zu *dem* Standardwerk der französischen Hochküche. Die kochende Zunft verdankt ihm auch die Neuordnung der Küche, die er in verschiedene, miteinander kooperierende und sich ergänzende Posten unterteilte, im Gegensatz zu den bis dahin getrennt voneinander arbeitenden Abteilungen.

Escoffier nahm Abschied von den essbaren »Skulpturen« und zu Türmen aufgeschichteten Kreationen, die den Ruhm Carêmes begründet hatten, und setzte eine schlichtere und natürlichere Präsentation an ihre Stelle. Carêmes Prinzip bestand darin, verschiedene Speisen gleichzeitig aufzutragen, von denen sich jeder nach Belieben bedienen konnte. Escoffier führte schließlich den Service *à la russe* ein, bei dem die Speisen nacheinander auf Einzeltellern serviert wurden. Diese Art der Präsentation führte zu einem der wesentlichen Prinzipien seiner kulinarischen Theorie: Erstmals seit dem Beginn des Mittelalters ging

Qualität wieder über Quantität. Die ersten wirklich bedeutenden Restaurants kamen auf. Escoffiers Etablissements, vor allem die, die César Ritz und andere bedeutende Hoteliers ihm in ihren Grand-Hotels als Wirkstätten überließen, verhalfen der gehobenen Gastronomie endgültig zum Durchbruch und ebneten vielen jener begnadeten Köche den Weg, die in der zweiten Hälfte des 20. Jahrhunderts die französischen Gourmettempel begründen sollten.

Escoffier führte die französische Küche an die Weltspitze, und bis nach dem 2. Weltkrieg machte ihr niemand diesen Rang streitig. Genau genommen waren es französische Köche, die ihre eigene Kochkunst erneuerten, als sie in den Sechzigerjahren die »Nouvelle Cuisine« begründeten. Diese Küche, deren Pioniere Paul Bocuse und Michel Guérard damals zu den bedeutendsten Köchen überhaupt gehörten, stellte sich den Forderungen der modernen Diätexperten und räumte auf mit dem hemmungslosen Einsatz von Butter, Sahne und den gehaltvollen Speisen. Stattdessen bewies die Nouvelle Cuisine, dass auch ein einfaches, sparsam gewürztes Gemüsepüree und ein »verschlankter« Teller ein Hochgenuss sein können. Doch hielt die neue Mode nicht lange an. Zehn Jahre nachdem die Nouvelle Cuisine die besten Restaurants Frankreichs und der Welt erobert hatte, verkündete einer ihrer Begründer, Paul Bocuse, offiziell seinen Rücktritt von der aktiven Bühne.

Während der zweiten Hälfte des 20. Jahrhunderts gab eine große Zahl französischer Köche den kulinarischen Ton in der Welt an. Dazu gehörten Troisgros, Bocuse, Alain Sanderens, Roger Vergé, Michel Guérard, Joël Robuchon, Georges Blanc, Bernard Loiseau und Marc Meneau, um nur einige jener berühmten Kochtopfartisten zu nennen. Sie haben es verstanden, das kulinarische Erbe immer weiter zu verfeinern und die Küchenkultur zu einer großen, allseits anerkannten Kunst zu erheben.

Der Trend zur Weltküche

In den Achtzigerjahren begann das übermächtige Bollwerk der französischen Küche Risse zu zeigen. Dieses Mal waren es allerdings äußere Einflüsse, die die Königin aller Küchen von ihrem Thron zu stürzen drohte. Die französischen Köche begannen zunehmend, auf weit entfernte Märkte wie Japan und die USA zu schielen; und diese Länder selbst brachten immer mehr eigene fähige und ambitionierte Köche hervor, die nun ihrerseits antraten, um die Karten neu zu mischen.

Die Vereinigten Staaten, die die Welt mit ihrem zweifelhaften Fast Food beglückten, waren das Zugpferd, wenn es darum ging, neue Ideen mit alten kulinarischen Traditionen zu verbinden. Der »Aufstand« brach mit fast allen Tabus, verband alle möglichen und unmöglichen Traditionen, Zubereitungsarten, exotischen Zutaten und Gewürze, von denen zuvor kaum jemand jemals gehört hatte. Der frische amerikanische Wind, der mit der Geburt der leichten kalifornischen Küche seinen Ausgang nahm, erreichte schließlich auch die französischen Kochtöpfe. Eine Gegenbewegung, angeführt von den Schwergewichten der klassischen französischen Küche, versuchte mit der Rückbesinnung auf eine bodenständige, regionale und dennoch kreative Küche einen Alternativentwurf. Die Initiative fand viele Anhänger. Dennoch scheint sich die globale Küche immer mehr durchzusetzen; selbst in Frankreich hat eine neue Generation von ehrgeizigen, innovativen Köchen den Trend bereits mit Enthusiasmus aufgegriffen.

LINKE SEITE:
OBEN: *Bildnis des Auguste Escoffier (1847–1935).*
DARUNTER: *Place du Tertre, L. Genin, um 1925.*

OBEN: *Das Künstlerfrühstück, Birger.*

NORI MAKI (SUSHI)

Die japanische Küche mit ihrer Ästhetik, ihrer Schlichtheit, der Frische ihrer Produkte und ihrem raffinierten Geschmack wurde von den Vertretern der neuen kulinarischen Welle, die sich in den USA entwickelte und in der westlichen Welt zunehmend ihre Anhänger fand, mit Begeisterung aufgenommen. Die Nori maki, die aus Nori (Seetang) und Klebreis bestehen, werden im Westen fälschlicherweise manchmal Sushi genannt. Sie sind typisch für diese Küche und ein idealer Mundbissen – gleichermaßen originell und attraktiv.

FÜR 6 PERSONEN

250 g japanischer Rundkornreis

1 EL Zucker

1/2 TL Salz

3 EL japanischer heller Reisessig

3 Blätter Nori

1 Salatgurke

100 g frischer Thunfisch

1 gestrichener EL Wasabi-Paste

1 EL japanische Sojasauce

Japanischer, in Essig eingelegter Ingwer

♦ Den Reis in einem Sieb unter fließendem kaltem Wasser gründlich waschen, bis er glasig ist. Mindestens 1 Stunde abtropfen lassen. In einer Kasserolle mit fest schließendem Deckel mit 300 ml Wasser bei großer Hitze zum Kochen bringen.

♦ Die Hitze herunterstellen und zugedeckt etwa 10 Minuten kochen lassen, bis der Reis sämtliche Flüssigkeit aufgenommen hat. Den Herd ausschalten und den Reis zugedeckt 30 Minuten quellen lassen.

♦ Inzwischen den Zucker und das Salz vollständig in dem Essig auflösen und die Mischung mit einem Holzspatel in den heißen Reis einarbeiten, nicht rühren. Abkühlen lassen.

♦ Die Noriblätter halbieren. Die Gurke längs in Stäbchen von der Länge der Noriblätter schneiden, dabei den inneren Strang mit den Samen nicht verwenden. Den Thunfisch in 1 cm dicke Stäbchen schneiden.

♦ Eine Nori-Blatthälfte auf eine Sushi-Bambusmatte legen. Die Finger befeuchten und ein Sechstel des Reises darauf ausbreiten. Oben einen 1 cm breiten Rand frei lassen.

♦ Die Wasabi-Paste mit der Sojasauce verrühren und etwas davon über das Reisbett träufeln. Ein Gurken- oder Thunfischstäbchen auflegen und mithilfe der Matte fest zusammenrollen. Die restlichen Noriblätter ebenso verarbeiten.

♦ Die Reisrollen auf die Arbeitsfläche legen und in je 8 Stücke schneiden. Auf einer Servierplatte anrichten und mit Sojasauce und in Essig eingelegtem Ingwer servieren.

KALMARE AUF ZUCKERSCHOTEN UND SPARGEL MIT PASSIONSFRUCHTSAUCE GEBÄCK MIT SONNENBLUMENKERNEN

Diese sehr moderne, leichte und erfrischende Vorspeise vereint frische Produkte mit ungewöhnlichen Zutaten. Die salzigen Plätzchen steuern eine knusprige Note bei.

♦ Die Zuckerschoten abfädeln, kurz abspülen und in eine Pfanne geben. Etwas Sonnenblumenkernöl hinzufügen und zugedeckt bei milder Hitze etwa 8 Minuten dämpfen, bis die Schoten weich sind, aber noch Biss haben.

♦ Den Spargel waschen, die harten Enden abschneiden. Die Spitzen in leicht gesalzenem Wasser etwa 5 Minuten blanchieren. Abgießen und kalt abschrecken.

♦ Die küchenfertigen Kalmare in Ringe schneiden und in etwas Öl sautieren, bis sie weich sind.

♦ Für die Vinaigrette das Fruchtfleisch aus den Passionsfrüchten herauslöffeln und in einer Schüssel mit den restlichen Zutaten gut verrühren.

♦ Für das Gebäck den Ofen auf 180 °C vorheizen. Die weiche Butter mit dem Mehl, Salz und Pfeffer zu einem glatten Teig verarbeiten. Die Eiweiße leicht aufschlagen und sorgfältig in den Teig einarbeiten.

♦ Ein Backblech mit Backpapier auslegen. Mit einem Löffel 12 Teighäufchen in genügend großem Abstand auf das Papier setzen und mit dem Löffelrücken zu Kreisen von 8–12 cm Durchmesser verstreichen. Die Plätzchen mit den Sonnenblumenkernen bestreuen und in 12 Minuten im Ofen goldgelb backen. Auf einem Kuchengitter abkühlen lassen.

♦ Die Zuckerschoten und Spargelspitzen auf einer Platte anrichten, die sautierten Kalmare darauf verteilen und alles mit der Vinaigrette überziehen. Mit dem Gebäck servieren.

FÜR 6 PERSONEN

400 g Zuckerschoten

Etwas Sonnenblumenkernöl

400 g grüner Spargel

Salz

500 g Kalmare

FÜR DIE VINAIGRETTE

250 g Passionsfrüchte

1 EL Zitronensaft

50 ml Sonnenblumenkernöl

Salz, Pfeffer

1 TL Zucker

FÜR DAS GEBÄCK

100 g weiche Butter

100 g Mehl

1/2 TL Salz

1 Prise weißer Pfeffer

2 Eiweiße

2 EL geschälte Sonnenblumenkerne

Japanisches Mahl um 1880–1900. Die Sushi-Mode hat inzwischen längst den Westen erreicht.

HÄHNCHENBRUST MIT TRÜFFELN UND MÖHREN-»TAGLIATELLE«

Dies ist eine von den zeitgenössischen Köchen sehr geschätzte Kombination: Die ebenso schlichte wie delikate Hähnchenbrust verbindet sich vortrefflich mit dem kostbaren Aroma der schwarzen Trüffel und dem leuchtenden Orange der Möhrenstreifen.

FÜR 6–8 PERSONEN

6 Hähnchenbrüste ohne Haut

500 g lange Möhren

40 ml Olivenöl

Salz, weißer Pfeffer

30 g Trüffeln

350 ml Hühnerbrühe

100 ml saure Sahne

♦ Die Hähnchenbrüste abspülen und sorgfältig trockentupfen. Die Möhren schälen und die Enden gerade abschneiden.

♦ Von den Möhren mit einem Sparschäler lange, dünne Streifen abschneiden. Die »Tagliatelle« in eine Pfanne geben, die Hälfte des Öls zugießen, salzen, pfeffern und beiseite stellen.

♦ In einer weiteren Pfanne das restliche Öl erhitzen und die Hähnchenbrüste, je 2 zur gleichen Zeit, rasch von allen Seiten Farbe nehmen lassen. Das Fleisch aber nicht vollständig durchgaren.

♦ Die angebratenen Hähnchenbrüste aus der Pfanne nehmen und mit Salz und Pfeffer würzen. Jede Brusthälfte auf ein Stück Alufolie legen. Die abgekühlten Brusthälften in Scheiben schneiden, wieder in die ursprüngliche Form bringen und in die Alufolie einschlagen.

♦ Die Trüffeln schälen und die Hälfte in sehr feine Scheiben hobeln. Die andere Hälfte in sehr feine Julienne schneiden.

♦ Zur Fertigstellung den Ofen auf 180 °C vorheizen und die eingewickelten Hähnchenbrüste darin in etwa 15 Minuten fertig garen. Die vorbereiteten Möhren auf niedrigster Stufe zugedeckt in etwa 10 Minuten knapp weich garen.

♦ Die Hühnerbrühe in die Pfanne gießen, in der das Fleisch angebraten wurde. Bei großer Hitze auf die Hälfte einkochen lassen. Die Trüffelstäbchen und die saure Sahne einrühren, mit Salz und Pfeffer abschmecken und fast zum Kochen bringen. Von der Kochstelle nehmen.

♦ Zum Servieren das Fleisch aus der Folie wickeln und die Hähnchenbrustscheiben in der Mitte der Teller anrichten. Die Möhren-»Tagliatelle« um das Fleisch herum verteilen und alles mit der Sauce überziehen. Mit den Trüffelscheiben garnieren und sofort servieren.

LINKS: *›Le Pigall's‹, Sicard.*

RECHTE SEITE: *Köche bereiten ein Festbankett vor, Illustration aus ›Petit Journal‹ vom 30. September 1900.*

»ISRAELISCHER COUSCOUS«

Diese winzigen gebratenen Teigkörnchen feiern in den Restaurants des kulinarischen Schmelztiegels New York einen ungeheuren Erfolg. Man findet sie in jüdischen Lebensmittelgeschäften oder behilft sich mit ihren italienischen Verwandten, Reiskörnern ähnlichen Nudeln, die orzo *genannt werden.*

FÜR 6 PERSONEN

2 EL Butter

500 g »israelischer Couscous«

800 ml kochende Court-bouillon

Salz, Pfeffer

♦ In einer großen Kasserolle die Butter aufschäumen lassen und den Couscous darin anschwitzen, bis er die Butter aufgenommen hat.

♦ Die heiße Court-bouillon zugießen, salzen, pfeffern und zum Kochen bringen. Den Topf mit einem Deckel verschließen, die Hitze herunterstellen und den Couscous 6–8 Minuten unter gelegentlichem Umrühren köcheln, anschließend noch etwa 5 Minuten in der Kasserolle quellen lassen.

GRÜNER SALAT MIT LEVANTINER SAUCE

Ein einfacher Salat, garniert mit typischen Zutaten aus dem Nahen Osten: Olivenöl, Pinienkernen, Sesamsamen, Minzeblättern und Majoran.

FÜR 6 PERSONEN

350 g verschiedene grüne Blattsalate

1 EL Pinienkerne

1 TL Sesamsamen

FÜR DIE VINAIGRETTE

3 EL Zitronensaft

$^{1}/_{2}$ TL Salz

$^{1}/_{2}$ TL Zucker

$^{1}/_{2}$ TL Pfeffer

$^{1}/_{3}$ Glas Olivenöl

1 EL Minze, in Streifen geschnitten

1 EL Majoran, gehackt

♦ Den Salat waschen, putzen und in eine große Schüssel geben.

♦ Die Pinienkerne und Sesamsamen in einer Pfanne ohne Fett rösten, bis sie eine leicht goldene Farbe angenommen haben. Etwas abkühlen lassen und unter den Salat mischen.

♦ Für die Vinaigrette den Zitronensaft, Salz, Zucker und Pfeffer verrühren, das Olivenöl und die Kräuter zufügen und über den Salat gießen. Den Salat sorgfältig durchheben und sofort servieren.

AROMATISIERTER PFIRSICH MELBA

Dieses Dessert, das Escoffier der berühmten australischen Opernsängerin Helen Mitchell Melba widmete, überrascht durch seine Einfachheit. Es besteht aus Pfirsichen, Vanilleeis und Himbeer-Coulis. Wir stellen hier eine neue Version vor, bei der das Eis mit Safran und der Coulis mit frischem Ingwer aromatisiert wird.

FÜR 6 PERSONEN

3 große Pfirsiche (vorzugsweise eine Sorte, die sich leicht enthäuten lässt)

1 EL Zitronensaft

FÜR DAS EIS

600 ml Milch

Einige Safranfäden oder 1 Prise Safranpulver

7 Eigelbe

175 g Zucker

200 ml Sahne

FÜR DEN COULIS

400 g Himbeeren

Frischer Ingwer (etwa 2 1/2 cm)

200 g Puderzucker

♦ Für das Eis die Milch aufkochen und von der Kochstelle nehmen. Den Safran einrühren und etwa 10 Minuten ziehen lassen, damit er sein Aroma abgeben kann.

♦ Die Milch erneut zum Kochen bringen. Die Eigelbe mit dem Zucker verschlagen. Die heiße Milch nach und nach unter ständigem Weiterschlagen zugießen. Die Milch-Eier-Mischung zurück in die Kasserolle gießen. Bei milder Hitze unter ständigem Rühren eindicken lassen, bis die Masse den Rücken eines Holzlöffels deckt.

♦ Die Mischung von der Kochstelle nehmen und die kalte Sahne unterziehen. Vollständig auskühlen lassen, in eine Eismaschine füllen und entsprechend der Bedienungsanleitung fortfahren.

♦ Für den Coulis die Himbeeren zerdrücken und durch ein feines Sieb streichen, um die feinen Kernchen zu entfernen. Den Ingwer putzen, sehr fein reiben und mit den Himbeeren und dem Zucker gründlich vermengen. Kalt stellen.

♦ Die Pfirsiche etwa 1 Minute in kochendem Wasser blanchieren. Die Früchte enthäuten, halbieren und die Steine entfernen. Die Pfirsichhälften in dem Zitronensaft wenden.

♦ 1 Stunde vor dem Servieren die Dessertschalen in die Tiefkühltruhe stellen. Jeweils 2 Kugeln Eis in die Schalen füllen, eine Pfirsichhälfte darauf oder daneben setzen und mit dem Himbeer-Coulis überziehen. Nach Belieben mit einigen Blättchen frischer Minze garnieren.

RECHTS: *›Der Patio‹, H. Zo.*

RECHTE SEITE: *›Das Frühstück‹, N. Harvey, 1918.*

Harold Harvey 1918.

GRUNDBRÜHEN

Als Basis für Suppen und Saucen sind selbst gekochte Brühen in der guten Küche unverzichtbar. Sie lassen sich hervorragend auf Vorrat zubereiten und portionsweise einfrieren, sodass sich der Zeitaufwand lohnt. Doch Vorsicht bei der Zugabe von Salz, das sich durch das Reduzieren im Geschmack konzentriert. Am besten gar nicht oder nur sehr sparsam salzen und das Würzen der späteren Verwendung vorbehalten sein lassen.

HÜHNERBRÜHE

ERGIBT 1–1½ LITER BRÜHE

1 Suppenhuhn von 2½ kg
½ Gemüsezwiebel
1 Möhre
1 Stange Bleichsellerie
1 Stange Lauch
½ Knoblauchzehe
2 Zweige Thymian
2 Lorbeerblätter
6 Stängel Petersilie
3 Nelken
15 weiße Pfefferkörner

♦ Das Suppenhuhn innen und außen waschen, abtropfen lassen und in einen großen Topf legen. Mit 3 Liter Wasser bedecken, zum Kochen bringen und bei reduzierter Hitze 1 Stunde köcheln lassen. Zwischendurch immer wieder den aufsteigenden Schaum und das Fett abschöpfen.

♦ Inzwischen die Zwiebel mit der Schnittfläche nach unten auf der Herdplatte oder in einer Pfanne ohne Fett braun rösten. Sämtliches Gemüse putzen und mit den Kräutern zu einem Bouquet garni zusammenbinden. Mit den Nelken und den Pfefferkörnern in den Topf einlegen und die Brühe eine weitere Stunde köcheln lassen.

♦ Das Huhn herausnehmen (das Fleisch anderweitig verwenden). Ein Sieb mit einem Passiertuch auslegen, die Brühe hineingießen und in einen sauberen Topf ablaufen lassen. Erneut erhitzen und im offenen Topf auf 1–1½ Liter einkochen lassen. Erkalten lassen und das Fett abheben.

Hinweis: Die Brühe wird noch intensiver im Geschmack, wenn Geflügelkarkassen und 2 Hand voll Kalbsknochen mitgekocht werden.

KALBSBRÜHE

ERGIBT 1 LITER BRÜHE

2–3 kg Kalbsknochen, in Stücke gehackt
150 g Zwiebeln
1 große Möhre
150 g Bleichsellerie
150 g Lauch
50 g Petersilienwurzel
5 Stängel Petersilie
1 Zweig Thymian
1 Lorbeerblatt
Salz

♦ Die Knochen waschen und in einem großen Topf mit Wasser bedecken. Zum Kochen bringen und 3–5 Minuten kochen lassen (blanchieren), abgießen und sofort unter fließendem kaltem Wasser abspülen.

♦ Die Knochen wieder zurück in den Topf füllen, mit 3 Liter kaltem Wasser bedecken, aufkochen und bei reduzierter Hitze 2 Stunden köcheln lassen. Zwischendurch den aufsteigenden Schaum immer wieder abschöpfen.

♦ In der Zwischenzeit sämtliches Gemüse putzen und in grobe Stücke schneiden. Zusammen mit den Kräutern, dem Lorbeerblatt und wenig Salz in die Brühe einlegen, erneut zum Kochen bringen und bei geringer Hitze eine weitere Stunde köcheln lassen. Den aufsteigenden Schaum immer wieder abschöpfen.

♦ Ein Sieb mit einem Passiertuch auslegen, die Brühe hineinschöpfen und in einen sauberen Topf ablaufen lassen. Erneut erhitzen und im offenen Topf auf 1 Liter einkochen lassen.

Hinweis: Wer mag, kann ein kleines Suppenhuhn, in Viertel geteilt, mitkochen, das gibt zusätzlichen Geschmack. Alles sichtbare Fett vorher entfernen.

RINDERBRÜHE

Die Zubereitung ist die gleiche wie bei der Kalbsbrühe. Doch werden anstelle der Kalbsknochen Rinderknochen verwendet und zusätzlich 1 Hand voll Markknochen, das Mark entfernt, mitgekocht. Für mehr Farbe und Geschmack sorgen ½ gebräunte Zwiebel sowie das Ersetzen des Bleichselleries durch Knollensellerie. Mit den Kräutern 10 weiße Pfefferkörner zugeben.

Bibliographie

BAUER, WOLFGANG: Die Nudeln des Marco Polo. Nachrichten vom chinesischen Kontinent des Geschmacks. In: Speisen, Schlemmen, Fasten. Eine Kulturgeschichte des Essens (Hrsg. Uwe Schultz). Frankfurt 1993

BRENNAN, GEORGEANNE: Genießer unterwegs: Frankreich. Rezepte und kulinarische Notizen. Christian Verlag, München 2000

COMOLLI, MARIANNE/SCOTTO, ELISABETH/CARLES, MICHÈLE (HRSG.), PUDLOWSKI, GILLES: Frankreich. Eine kulinarische Reise. Christian Verlag, München 1997

EHLERT, TRUDE: Das Kochbuch des Mittelalters. Rezepte aus alter Zeit. Zürich 1995

ESSEN UND TRINKEN IN MITTELALTER UND NEUZEIT. Vorträge eines interdisziplinären Symposions vom 10.–13. Juni 1987, Gießen, 1990

GOLDSTEIN, JOYCE: Genießer unterwegs: Spanien & Portugal. Rezepte und kulinarische Notizen. Christian Verlag, München 2001

GOLDSTEIN, JOYCE/ALGAR, AYLA/JOHNSON, PETER: Rund um das Mittelmeer. Eine kulinarische Reise. Christian Verlag, München 1995

GOLLMER, RICHARD: Das Apicius-Kochbuch. Rostock 1928, Nachdruck 1985

HEINE, PETER: Kulinarische Studien. Untersuchungen zur Kochkunst im arabisch-islamischen Mittelalter. Wiesbaden 1988

KLAES, E.: Von Tafelfreuden und Kochgeheimnissen. 5000 erlesene Kochanweisungen der deutschen und ausländischen hochherrschaftlichen und bürgerlichen Küche. Bonn 1928 (Antiquariat)

KOWALEW, WJATSCHESLAW MICHAJLOWITSCH/MOGILNI, NIKOLAJ PETROWITSCH: Zu Gast in Russland. Eine kulinarische Reise. Kunstverlag Weingarten, 1988

LAURIOUX, BRUNO: Tafelfreuden im Mittelalter. Kulturgeschichte des Essens und Trinkens in Bildern und Dokumenten. Stuttgart 1992

MEDICI, LORENZA DE' (HRSG.)/PASSIGLI, PATRIZIA: Italien. Eine kulinarische Reise. Christian Verlag, München 1996

MENELL, STEPHEN: All Manners of Food. University of Illinois Press, Urbana and Chicago 1996

MENELL, STEPHEN: Die Kultivierung des Appetits. Die Geschichte des Essens vom Mittelalter bis heute. Frankfurt 1988

MOULIN, LEO: Augenlust und Tafelfreuden. Essen und Trinken in Europa, eine Kulturgeschichte. Antwerpen 1989

PASSMORE, JACKI: Asien. Eine kulinarische Reise. Christian Verlag, München 1993

PASTON-WILLIAMS, SARA: A Book of Historical Recipes. The National Trust, 1995

PETRONIUS, A. T.: Schilderung eines römischen Gastmahls zur Zeit des Kaisers Nero. Berlin, 1843 (Antiquariat)

REDON, ODILE/SABBAN, FRANCOISE/SERVENTI, SILVANO: Kochkunst des Mittelalters. Ihre Geschichte und 150 Rezepte des 14. und 15. Jahrhunderts, wieder entdeckt für Genießer von heute. Mit einem Vorwort von Georges Duby. Wiesbaden 1991

ROTTENHÖFER, J.: Neue vollständige theoretisch-praktische Anweisung in der feineren Kochkunst mit besonderer Berücksichtigung der herrschaftlichen und bürgerlichen Küche. Braun & Schneider, München 1866 (Antiquariat)

SCHRAEMLI, HARRY: Von Lukullus zu Escoffier. Geschichte der Feinschmeckerei. Bielefeld [1986]

SCHRAEMLI, HARRY: Zweitausend Jahre gastronomische Literatur. Zürich 1942

SCHULTZ, UWE (HRSG.): Speisen, Schlemmen, Fasten. Eine Kulturgeschichte des Essens. Frankfurt 1993

SCHULZ, PHILLIP STEPHEN: Amerika. Eine kulinarische Reise. Christian Verlag, München 1997

SCICOLONE, MICHELE: Genießer unterwegs: Italien. Rezepte und kulinarische Notizen. Christian Verlag, München 2000

SHAW, TIMOTHY: Die Welt des Auguste Escoffier. Meister der klassischen Kochkunst. Wilhelm Heyne Verlag, München 1994

SHILONY, BEN-AMI: The Japanese Tradition. Schocken Publishing House LTD, Tel Aviv 1995

TANNAHILL, REAY: Kulturgeschichte des Essens. Wien 1973

WILLAN, ANNE: Great Cooks and their Recipes. Pavilion Books, 1992

WISWE, HANS: Kulturgeschichte der Kochkunst. Kochbücher aus 2 Jahrtausenden, mit einem lexikalischen Anhang zur Fachsprache von Eva Hepp. München 1970

YANRONG, WANG (HRSG.): Kochkunst in China. Kunstverlag Weingarten

Rezeptregister

VORSPEISEN

SUPPEN

HAUPTGERICHTE

BEILAGEN

SALATE

DESSERTS

GETRÄNKE

Bildnachweis

S. 8: Griechisch-venezianische Malerei, *Die Hochzeit zu Kana*, Ausschnitt, 16. Jh. Venedig, Museo Civico Correr. © G. Dagli Orti; S. 10: © G. Dagli Orti; S. 11: © G. Dagli Orti; S. 12–13: © G. Dagli Orti; S. 15: © AKG Paris; S. 16: T. Couture, *Die Römer der Verfallszeit*, Ausschnitt, 1847. Paris, Musée d'Orsay. © Lauros-Giraudon; S. 18: © Lauros-Giraudon; S. 20–21: J.-L. Charmet; S. 22: © AKG Paris; S. 23 © Giraudon; S. 24–25: © Giraudon/Gilles Mermet; S. 27: © Explorer/J.-L. Charmet; S. 28: Chinesische Kunst, *Der Dickmilchhändler*, Paris, BNF. © Lauros-Giraudon; S. 30: © AKG Paris; S. 31: © Lauros-Giraudon; S. 32–33: © Giraudon; S. 34: © Giraudon; S. 36–37: © Giraudon; S. 38: J. Brindesi, *Ein Basar in Konstantinopel*, Ausschnitt, 1873. London, Christies. © Bridgeman-Giraudon; S. 40: © AKG Paris; S. 41: © Bridgeman-Giraudon; S. 45: © G. Dagli Orti; S. 46: Römische Kunst, *Sklave, der ein Mahl serviert*, Mosaik, 2. Jh. n. Chr. Paris, Louvre. © H. Josse; S. 48: © J.-L. Charmet; S. 49: © J.-L. Charmet; S. 51: © Giraudon; S. 52: Redevancier de Saint-Germain-des-prés, *Der Wein im Mittelalter*, um 1530. Nationalarchiv. © J.-L. Charmet; S. 54: © Bridgeman-Giraudon; S. 55: © AKG Paris; S. 57: © Artephot/Guy Fleury; S. 58: © Giraudon; S. 59: © G. Dagli Orti; S. 60: Islamische Kunst, osmanische Miniatur, *Basar in Istanbul*, Ausschnitt, um 1580. Venedig, Museo Civico Correr. © Giraudon; S. 62: © Giraudon; S. 63: © Giraudon; S. 64: © AKG Paris; S. 65: © Bridgeman-Giraudon; S. 66: © Giraudon; S. 67: © Bridgeman-Giraudon; S. 68: Bildnis Karls des Großen, Miniatur aus dem *Chronicon Episcoporum Verdensium*, 14.–15. Jh. Dresden, Sächsische Landesbibliothek. © AKG Paris; S. 70: © Giraudon; S. 71: © Artephot/Nimatallah; S. 72 links: © AKG Paris; S. 72–73: © Giraudon; S. 75: © G. Dagli Orti; S. 76: © Giraudon; S. 78: © H. Josse; S. 79: © Giraudon; S. 80–81: © Artephot/Perrin; S. 82: © AKG Paris; S. 83: © Lauros-Giraudon; S. 84: © AKG Paris; S. 85: © G. Dagli Orti; S. 86–87: © Lauros-Giraudon; S. 88: Russische Farblithographie, *Die Opfergaben Brot und Salz*, Ende 19. Jh. Paris, Institut d'Etudes slaves. © J.-L. Charmet; S. 90: © Magnum/Erich Lessing; S. 91: © G. Dagli Orti; S. 92: © AKG Paris; S. 93: © Giraudon; S. 95: © AKG Paris; S. 96: Gemälde vermutlich von Prinz Asa von Korea, *Bildnis des Schotoku Taischi mit seinen zwei Söhnen*, Ausschnitt, Ende 8. Jh. Paris, Privatsammlung. © G. Dagli Orti; S. 98–99: © Giraudon; S. 101: © Lauros-Giraudon; S. 102: © Giraudon; S. 103: © Giraudon; S. 104: Gotische Kunst im Mittelalter, Vincent de Beauvais, *Der Geschichtsspiegel. Der heilige Bonifazius von Mainz und der heilige Fortunatus von Poitiers*, Ausschnitt, Miniatur, 15. Jh. Chantilly, Musée Condé. © Giraudon; S. 106: © Giraudon; S. 107: © Bridgeman-Giraudon; S. 108–109: © Giraudon/J. Hiegel; S. 111: © G. Dagli Orti; S. 112: Jean Mieg (1791–1862), *Der Markt in Italien*, Ausschnitt, Mülhausen, Musée des Beaux-Arts. © Giraudon; S. 114: © Giraudon; S. 115: © Artephot/Val; S. 116: © Giraudon; S. 117: © Bridgeman-Giraudon; S. 119: © AKG Paris; S. 120: © *Psalter der Königin Mary, Bankett*, Ausschnitt, Miniatur, Anfang 15. Jh. (ms Roy 2B VII fol. 168). London, British Library. © Lauros-Giraudon; S. 122: © AKG Paris; S. 123: © Lauros-Giraudon; S. 124–125: © Bridgeman-Giraudon; S. 126: © ms Add 42130 fol. 207 v°. © British Library-Bridgeman-Giraudon; S. 127: © Bridgeman-Giraudon; S. 129: © AKG Paris; S. 130: A. Vicente, *Frutos de Quito en el año 1783*, Madrid, Museo de America. © Artephot/Oronoz; S. 132 oben: © Lauros-Giraudon; S. 132 unten: © Giraudon; S. 133: © Lauros-Giraudon; S. 134–135: © Lauros-Giraudon; S. 136: © Oronoz/Artephot; S. 137: © AKG Paris; S. 138: H. von der Heide (1487–1520), *Das Festmahl des Ahasverus*, 1496. Lübeck; Sankt-Anna-Museum. © AKG Paris; S. 140: © Lauros-Giraudon; S. 141: © AKG Paris; S. 142–143: © Alinari-Giraudon; S. 144: © AKG Paris; S. 145: © Lauros-Giraudon; S. 147: © Giraudon; S. 148: © AKG Paris; S. 149: © Lauros-Giraudon; S. 150: *Kaffeeverkäufer*, Französischer Stich von 1715. Istanbul, Bibliothek für Kunstgewerbe. © J.-L. Charmet; S. 152: © J.-L. Charmet; S. 153: © AKG Paris; S. 154–155: © Giraudon/Telarci; S. 156: © AKG Paris; S. 158–159: © Magnum/Erich Lessing; S. 160: George Catlin (1796–1872), *George Catlin mit einem Indianer*, Ausschnitt, 1848. © AKG Paris; S. 162: © Giraudon; S 163: © Artephot/Bridgeman; S. 164: © J.-L. Charmet; S. 165: © Artephot/Bridgeman; S. 166: © Bridgeman-Giraudon; S. 170: *Die Kunst ein Diner zu geben*, Ausschnitt, Buchdruck von Honoré de Balzac von 1828. Maison de Balzac. © J.-L. Charmet; S. 172: © Giraudon; S. 173: © Lauros-Giraudon; S. 174 unten: © J.-L. Charmet; S. 174–175: © BL-Giraudon; S. 176: © Bridgeman-Giraudon; S. 177: © J.-L. Charmet; S. 178: H. Gervex (1852–1929), *Armenonville am Abend des großen Preises*, Ausschnitt, 1909. Privatsammlung. © Edimédia; S. 180 oben: © Harlingue-Viollet; S. 180 unten: © Edimédia; S. 181: © Bridgeman-Giraudon; S. 182–183: © Archives Larousse-Giraudon; S. 184: © Musée de la ville de Paris, Musée Carnavalet-Giraudon. DR; S. 185: © Edimédia; S. 186: © Musée des Beaux-Arts de Pau-Giraudon. DR; S. 187: © Bridgeman-Giraudon. DR.

Food-Fotografie: © Michaël Roulier/Visa Image

Der Fotograf dankt Herrn und Frau Roulier Bernard für die freundliche Leihgabe der Stilobjekte sowie seinen Assistenten M. Stephan Hoareau und Pauline Daniele.

Aus dem Englischen übersetzt von Helmut Ertl
Redaktion: Inken Kloppenburg Verlags-Service, München
Korrektur: Petra Tröger
Umschlaggestaltung: Caroline Georgiadis
Herstellung: Dieter Lidl
Satz: Studio Josef Fink, Gräfelfing

Die Originalausgabe mit dem Titel *2000 ans de festins*
wurde erstmals 1999 im Verlag Éditions de La Martinière, Paris,
veröffentlicht.

Food-Stylist: Emmanuel Turiot
Design und Layout: Rampazzo & Associés

Druck und Bindung: Artes Graficas, Toledo
Printed in Spain

ISBN 3-88472-496-7

HINWEIS

Alle Informationen und Hinweise, die in diesem Buch enthalten sind, wurden von der Autorin nach bestem Wissen erarbeitet und von ihr und dem Verlag mit größtmöglicher Sorgfalt überprüft. Unter Berücksichtigung des Produkthaftungsrechts müssen wir allerdings darauf hinweisen, dass inhaltliche Fehler oder Auslassungen nicht völlig auszuschließen sind. Für etwaige fehlerhafte Angaben können Autorin, Verlag und Verlagsmitarbeiter keinerlei Verpflichtung und Haftung übernehmen. Korrekturhinweise sind jederzeit willkommen und werden gerne berücksichtigt.